JN188105

習近平の敗北

紅い帝国・中国の危機

福島香織

ワニブックス

まえがき――9のつく年は必乱の年

2019年に入って、中国人の友人と会うと、必ず話題になるのが〝逢九必乱〟のジンクスの話でした。末尾に9のつく年は必乱の年。必ず乱や厄災が起きるのだ、と。

たとえば1919年は五四(ごし)運動が起きました。第一次大戦が終わり、1919年のパリ講和会議で日本がドイツから奪った山東省の権益が国際社会で容認されたことに対して、北京の学生たちが5月4日に起こした抗日デモとその暴徒化のことです。この運動は全国に広がり1921年の中国共産党の誕生につながります。

1949年は中華人民共和国が建国した日。国共内戦によって国民党政府は台湾に追い出され、翌年から血みどろの反革命鎮圧運動、土地改革が行われ、およそ300万人の国民党関係者や地主らが処刑、リンチ、自殺などで命を失いました。

1959年、チベット動乱はピークに達し、ダライ・ラマ14世が亡命しました。中央チベットでは解放軍により9万3000人のチベット反乱軍が殲滅(せんめつ)されました。

１９６９年は珍宝島事件とも呼ばれる中ソ国境紛争が起きました。中ソの全面戦争、核戦争に発展するか否やという重大な危機に直面しました。

１９７９年は中越戦争。鄧小平はベトナムのカンボジア侵攻に対する〝懲罰〟という建前でベトナムに攻め込みました。鄧小平の目的は、文化大革命期間にガタガタになった軍隊を立て直し、その軍権を掌握するために、米国との戦争で疲弊したベトナムと〝手ごろな戦争〟をして勝つことであったのですが、戦争慣れしていたベトナム人民軍のゲリラ戦に苦戦、解放軍側は60万人いた兵士の１割の死傷者を出し事実上の惨敗を喫しました。ただし、この戦争は中国国内では勝利として喧伝されました。

１９８９年６月４日には天安門事件が起きました。民主化を求める学生デモを戦車で踏みにじり、犠牲者は少なくとも１万人にのぼるといわれています。

１９９９年には法輪功弾圧が始まりました。法輪功はそれまで、宗教というよりは気功学習を目的としたクラブ活動のような存在で共産党員も多く参加していましたが、その勢力の広がりに恐れをなした江沢民政権が法輪功を邪教認定し迫害したことで、反共勢力としての結束が強まったのです。彼らは今もなお地下や海外に根を張りながら中国共産党への抵抗を続けています。

２００９年７月５日にはウイグル騒乱が起きました。広東省の工場で起きた中国人によるウイグル人の襲撃・殺害事件の真相究明を求めてウルムチ市で起きたウイグル人デモに治安部隊が発砲したことから騒乱に発展、国営通信社の「新華社」発表だけでも２０００人近い死傷者を出しました。これは１９９７年のグルジャ事件以来の大規模ウイグル弾圧事件として世界に衝撃を与えました。

そうして２０１９年には、何が起きるのか。中国の友人たちは、今の中国国内状況、国際状況をみれば、何が起きても不思議はない、と言います。そうして起こりうる厄災を数えて上げてみると９つありました。

①中国の不動産、債務バブルがいよいよ崩壊するミンスキーモーメントが起こるかもしれない。「リーマンショック級の経済危機、あるいは１９２９年のウォール街の大暴落のような世界恐慌を引き起こすような規模になるかもしれない」と、経済アナリストの友人は言いました。

②政変が起こるかもしれない。「習近平（しゅうきんぺい）は無能だ。中国共産党内にはこの無能な指導者を

放置しておくわけにはいかない、と考えている勢力がある。習近平が隙をみせれば、宮廷クーデターのようなものが起きるかもしれない」と、ある識者は言いました。

③習近平が暗殺されるかもしれない。「解放軍や公安内部の人間が関わる暗殺未遂事件は実際に起きている」と言う人もいました。

④人民が反乱を起こすかもしれない。厳しい監視社会を作ろうとしているのは人民が怖いからでしょう。

⑤民族や宗教による分裂が起きるかもしれない。今世紀最悪ともいえるウイグル弾圧やキリスト教弾圧は中国共産党がその予感に脅えているからでしょう。

⑥戦争が起きるかもしれない。台湾への武力統一論は中国国内でも高まっていますし、朝鮮半島や南シナ海にも火種はあります。習近平は2019年の年初に「軍事闘争準備」を解放軍に指示しています。中国は内政を立て直すために、指導者が軍権をきっちり掌握する必要があるのですが、それには〝勝てる戦争〟をするのが手っ取り早いと考えるのです。実際、過去に戦争を仕掛けたことが何度もありました。しかもそれは末尾に9のつく年、あるいはその前後が多いのです。

⑦環境汚染やエネルギー問題、たとえば原発事故のようなものが起きる可能性があります。

⑧食糧問題や少子高齢化問題によって中国の国力が急速に衰退していくこともありそうです。

⑨最大の不確定要素であり、中国にとっての最大の厄災はなんといっても、米国・ドナルド・トランプ政権かもしれません。米中貿易戦争はすでに２０１８年に勃発していますが、２０１９年には、どういう展開を迎えるのか。これを単なる貿易摩擦、経済問題だという中国人専門家はもはやいません。これは異なる価値観の深刻な衝突、文明の衝突だと受け止めています。南シナ海や半島をめぐる問題、華為（ファーウェイ）技術をめぐる通信・テクノロジー覇権対立や宇宙開発競争などいくつもの厄災の火種があり、冷戦構造はいつ〝熱戦〟に転じるかわかりません。

中国は２０１２年暮れに、習近平政権が登場して、その野望が「中華民族の偉大なる復興」であり、清の全盛期が世界の政治と文化の中心であった時代の影響力と地位を取り戻すことにあることを隠さなくなりました。

西側の普遍的価値観を真っ向から否定し、中華的価値観と中華的法治によって国際秩序とルールを支配しようという意欲を「対外闘争において、法律という武器を持って、法治制度の高みを占領し、破壊者、攪乱者にあえて向き合い、ノーと言う。グローバルな統治システムがまさに変革調整期の重要な時期を迎えており、中国は積極的に国際ルールの制定に参加し、グローバル統治の変革プロセスに参与し、推進し、リーダーシップをとるものとなるのだ」(8月4日の中央全面依法治国委員会での演説)との表現で示しています。

このとき、中国の法治について「西側の〝憲政〟〝三権分立〟〝司法の独立〟の道を行くことはできない」と完全否定しました。習近平は「中国共産党が支配する法」によって国際秩序とルールを支配し、中国を中心とする「人類運命共同体」を構築しようと考えているのです。

この習近平を頂点とする「紅い帝国」を確立するために、シルクロード経済圏構想「一帯一路」戦略、半導体はじめテクノロジー産業の完全国産化を目指す「中国製造2025」戦略、ブロックチェーンを使った新しい通貨による国際金融支配、戦争に勝てる一流の軍隊を作るための解放軍の軍制改革や南シナ海の軍事基地化、サイバー、AI・宇宙兵器の開発、徹底した監視社会の構築と民族・宗教の弾圧と中国化といった政策を次々と打ち出しました。

しかし、こうした戦略、政策の多くは行き詰まり、挫折しかけています。

２０１９年初頭時点で、私がみる限り「習近平の敗北」の色は濃厚です。今後数年は、習近平政権がこの敗北の結果をどう受け止めるか、どう敗戦処理するか。それが、先に挙げた「９の乱、厄災」を回避できるか、少なくとも被害を最小限に留めることができるかの鍵なのだと思います。

さて、この厄災の降りかかる大国・中国のすぐそばに存在する日本には、どのような覚悟や対策が必要でしょうか。日本がこの〝中国発〟の乱や厄災に巻き込まれないようにする方法はあるのでしょうか。あるいは乱や厄災を事前に防止したり、縮小したりすることはできるのでしょうか。

そもそも、日本人は中国がこうしたリスクに直面しているということを知っているのでしょうか。おそらく、日本人の中国に対する見立てにはかなり格差があると思います。中国は今後、ＩＴやＡＩで米国をしのぐ市場、かつ製造国となるので、日本にとって大きなビジネスチャンスと信じて疑わない人もいれば、中国は大嫌いなので、経済クラッシュが起きようが動乱が起きようが「ざまあみろ」としか思わない人もいると思います。というより一切関心がないという人が一番多いのではないでしょうか。

本書では、こうした中国に対する認識のギャップを埋めるために、その脅威も、リスクもできるだけ客観的な材料や中国人の書いた記事、論文を参考に紹介していきたいと思います。そして私たちは中国とどう向き合えば自分たちの国や企業や社会や身の安全を守ることができるのかを一緒に考えていただきたいのです。

福島香織

目次

習近平の敗北
紅い帝国・中国の危機

CONTENTS

まえがき　9のつく年は必乱の年　3

第一章　中国のミンスキーモーメントに備えよ

シロアリにむしばまれた大木　20
中国の本当のGDP成長率は1・67％、もしくはマイナス成長　22
P2Pを大淘汰の阿鼻叫喚　24
中国がしでかした4つの経済失策　26
民営企業と中国共産党の関係は修復できない　30
最大の〝灰色の犀〟は不動産　31
中民投のデフォルトショックで見えた、もう一頭の〝灰色の犀〟　36
2019年は6兆元の社債償還ラッシュ　41
人民元が紙くずになる日　42
体制内エコノミストが本音を言い出した　46

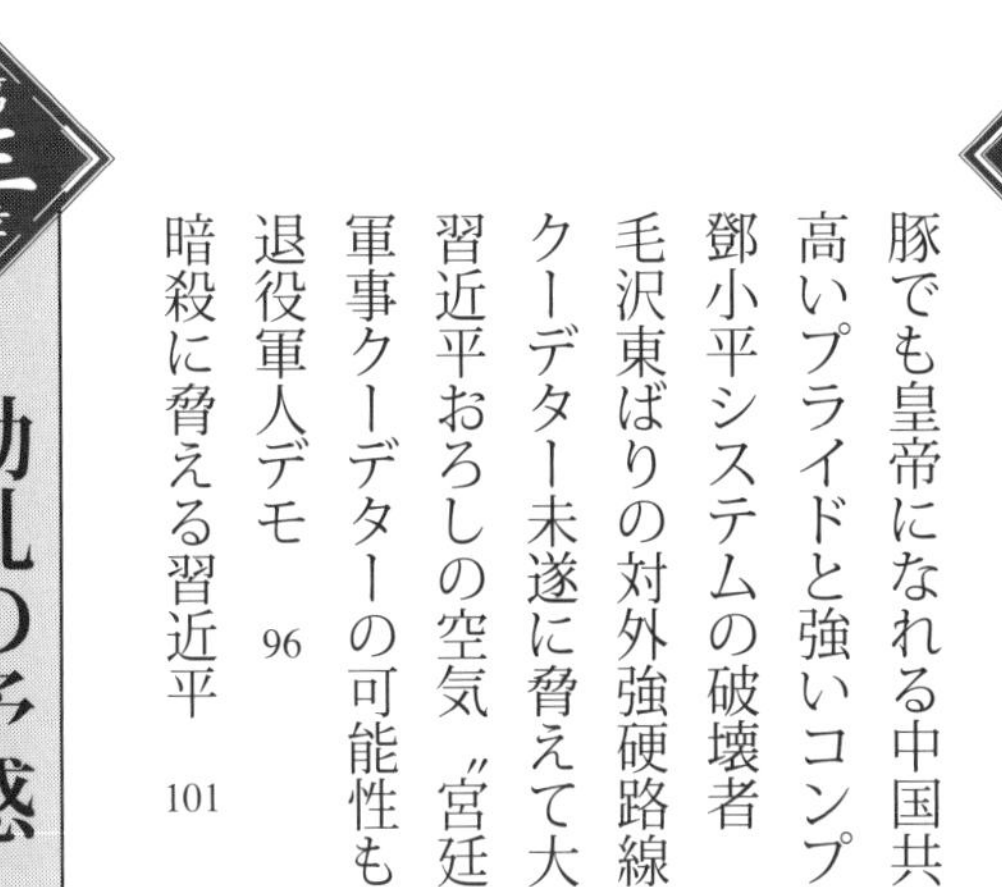

第二章 嫌われ習近平に漂う政変のにおい

豚でも皇帝になれる中国共産党体制　54
高いプライドと強いコンプレックス、小学生レベルの傲岸不遜　58
鄧小平システムの破壊者　64
毛沢東ばりの対外強硬路線　73
クーデター未遂に脅えて大粛清　76
習近平おろしの空気〝宮廷クーデター？〟　82
軍事クーデターの可能性も　90
退役軍人デモ　96
暗殺に脅える習近平　101

第三章 動乱の予感

急激に進む監視システム　108

CONTENTS

人民は最凶の暴力装置　113
習近平のネット世論誘導　116
人民統治ツールとしての社会信用スコア　122
AI顔認識監視カメラによる支配はオーウェルの『1984』の世界　127
政治化する労働争議　130
各地で起こり始めた〝農民の反乱〟　138

第四章 宗教と異民族が引き起こす分裂

宗教の中国化政策という異常　144
21世紀最悪の民族浄化政策!?　ウイグル弾圧　148
節目を迎えるチベット　161
キリスト教弾圧　165
仏教の堕落　174
中国共産党は宗教を恐れ続ける　183

第五章　台湾有事と香港スキャンダル

危うい台湾政策　188
香港の中国化による暴発　200
香港のスキャンダル爆弾　210

第六章　軍靴の足音

中国は苦しい時ほど戦争を仕掛ける　216
半島有事　218
南シナ海有事　224
尖閣諸島と沖縄海域　230
中国の軍事実力は　235
ハイブリッドウォーとＡＩ戦争　239

CONTENTS

第七章 人口問題と原発と食糧危機

少子高齢化が中国をむしばむ 248
原発事故はいつか中国で起きる 258
中国は食糧危機に直面している 269

第八章 米中文明の衝突

米中対立の本質 276
民主化よりも毛沢東的手法を選んだ習近平 283
価値観の対立 287
貿易戦争の行方 291
真の構造改革を迫られる中国 300
華為問題の行方と5G覇権 303
一帯一路戦略は成功するのか 311

中国製造２０２５の行方　316

第九章　日本の立ち位置を考える

静かな全人代にみる〝習近平の敗北〟　324
日本は中華秩序に染まらない　327
日本の中国急接近　332
日米の信頼は揺るがない？　337
日本の立ち位置を考える　341
日本は１００年後の世界を考えているか？　346

※敬称につきましては、一部省略いたしました。役職は当時のものです。
※写真にクレジットがないものは、パブリックドメインです

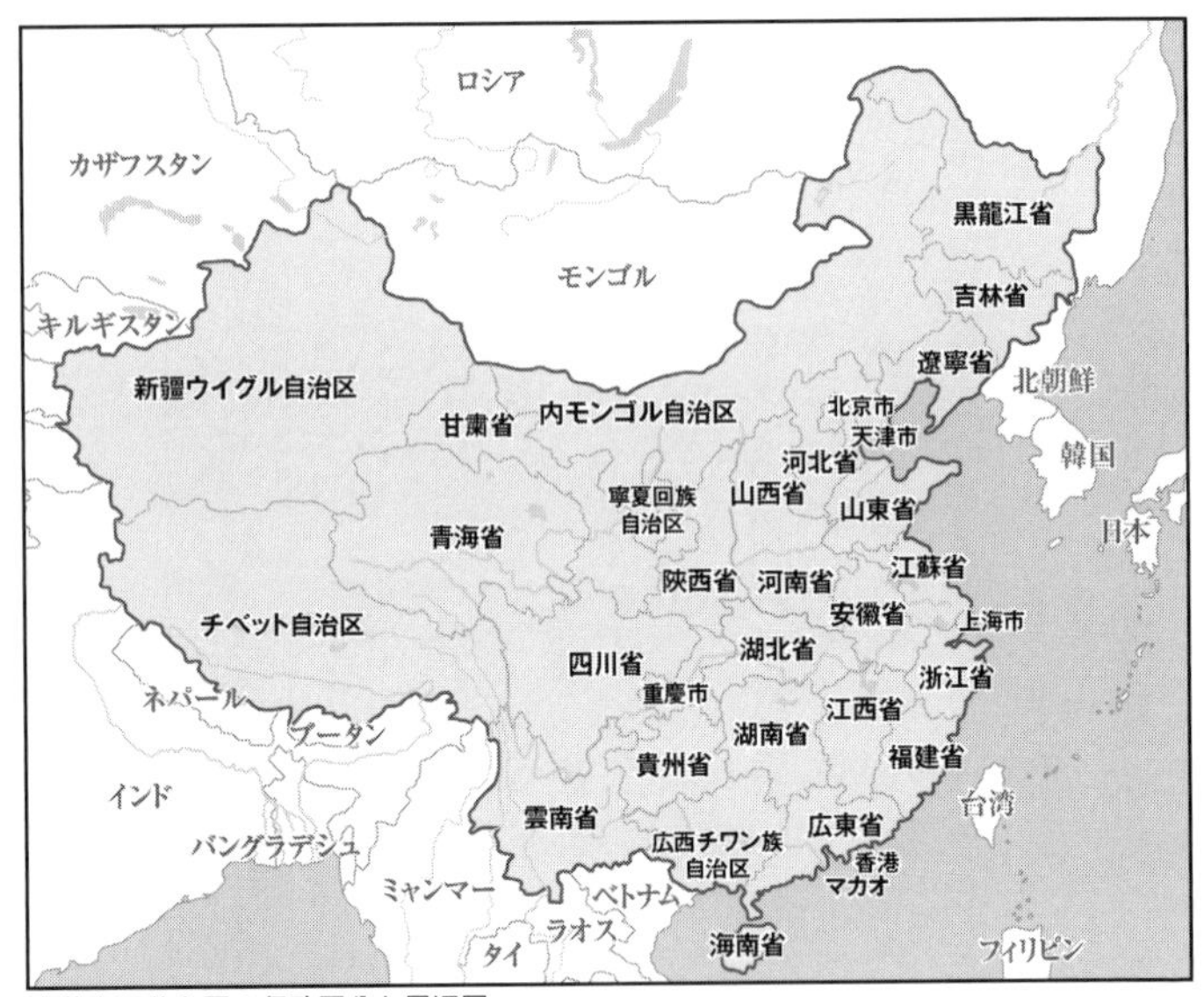

中華人民共和国の行政区分と周辺国

中国のミンスキーモーメントに備えよ

シロアリにむしばまれた大木

「中国経済はいずれ崩壊する」。そういう崩壊論を述べた本はこれまでもたくさんあり、私もそういった内容の本を少なからず書いてきました。ですがいまだ中国は崩壊していません。最近は「中国経済崩壊論の崩壊」なんて揶揄（やゆ）する話も聞きます。ですが、よくよくみると中国経済の崩壊は実はすでに始まっているのかもしれません。「大木がシロアリにむしばまれて中はボロボロ。でも、見た目は立派に立っている」、そういう状況が今の中国であると、私は考えています。

では、そういうボロボロの大木が本当に倒れる瞬間というのはいつ来るのか。この大木の中はすでにむしばまれてスカスカになっていて、切り倒さなければ、周辺の森にまでシロアリの被害が及ぶ、とみんなが気づくのはいつなのか。私は2018年あたりから、そろそろそういう時期がやって来ているような気がします。

というのも、そのころから中国の体制内の経済学者たちが、次々と中国内部の不動産、金融リスクについて、警告を発し始めているからです。これまでは私の知り合いの中国人アナリストも「福島さんは、いつも中国バブルが崩壊するなんて言っていますけど、まだ崩壊していませんよ、〝崩壊するする詐欺〟ですね」「中国でバブルは崩壊しませんよ。なぜなら、バブル崩壊は自由市場だから起こるのです。中国には事実上自由市場はありませんからね。政府がきっちりコントロールするし、いざというときには市場を凍結させることもできるのですから」などとニヤニヤして言っていました。

ですが、最近では同じ中国人アナリストが「2019年上半期が危ないかもしれない。リーマンショック級の危機が来るかもしれない。今度はリーマンショックのときのような大規模財政出動でしのぐという体力が中国にはないかもしれない」「中国の経済は右を向けばいいのか、左を向けばいいのか、さっぱりわからなくなっている。完全に方向感覚を失っている」と深刻な顔をして言うようになりました。

理由の一つはバブルが、政府のコントロールの力量を超える規模になってきたからです。

そして、もう一つは体制内で隠蔽されていた種々の問題を体制内学者たちが公言するようになってきた、ということもあると思います。隠すことでコントロールできていたことも、表沙汰になってしまうとコントロールできなくなるのです。また政府内、体制内にも「経済再生のためにはバブルをいったん崩壊させてしまえ」と言う人もいます。バブルは崩壊しなければ、再生もできないからです。なので、中国人のなかには日本が経験したバブル崩壊のプロセスを研究している人も多いのです。日本のバブル崩壊では、預金取り付け騒ぎも起きず、反政府デモも起きず、経済の崩壊が社会動乱につながらなかったという意味では、中国からみると、見習いたい例なのです。

中国の本当のGDP成長率は1・67%、もしくはマイナス成長

体制内にいて、本当の中国の問題点を暴露するようになったエコノミストの筆頭は人民大学国際通貨研究所副所長の向松祚（こうしょうそ）教授でしょう。2018年12月16日の大学関係者向けの演説「40年来なかった変局」で、中国の2018年のGDP成長率は、国家統計局が公式に発表する6・6%ではなく、国務院直轄の特別チームの調査によれば実は1・67%である、ということを暴露し、欧米メディアの注目を集めました。彼はこの演説で、「別の調査ではすでにマイナス成長という推計もある」とまで言いました。

さらに彼は、「こうしたデータの隠蔽によって、経済学者たちは公の場で討論することもできず、このデータを信じるべきかどうかについて検証できないことが、中国政府が目

下抱える大きな問題であり、経済政策における判断ミスを引き起こしたのだ」と言って、政府を批判しました。

また「米中貿易戦争をあたかも経済摩擦のように報じ、自分の首を絞めているのは米国の方だからすぐに妥協するであろうと楽観的に報じた中国メディアにも責任がある」「米中貿易戦争の本質は〝米中の価値観の深刻な衝突〟である」「米中関係は深刻な岐路に立っており、試練に直面していることを中国政府は認識できていない」と厳しい指摘を次々行い、直面する危機を回避するためには、小手先の政策ではなく、税制改革、政治改革、国のシステムそのものの改革が必要だと踏み込んだ発言もしています。

向松祚
©Newscom/アフロ

向松祚はさらに翌２０１９年1月26日の上海の金融フォーラムの講演で、２０１８年の経済失速について4つの原因を挙げながら「２０１９年はミンスキーモーメントを心して防がねばならない」と言いました。

ミンスキーモーメントとはバブルが崩壊に転じる瞬間のことです。

P2Pを大淘汰の阿鼻叫喚

実は人民銀行（中央銀行）の元総裁の周小川も2017年10月に中国にミンスキーモーメントが来る可能性に言及しました。なので金融当局者は2018年には、非常に危機感を持っていたそうです。これが、インターネットの融資プラットフォームP2Pの大淘汰に本気になった理由だともいわれています。つまり金融バブルの大崩壊を防ぐために、堤防に小さな穴を先にあけて、すこし水抜きをしたわけです。

インターネットを通じて「金を貸したい人・企業」と「借りたい人・企業」を結び付ける「ネットローンプラットフォーム」P2Pは2007年ごろから登場。2014年以降、この分野に民営銀行が参入したことで急激に増え、ピーク時には6400社以上が乱立していました。急成長しすぎた分野なので、管理が甘く、ルールを作ってもあまり守られず、上限金利をはるかに超える10％、時には金利40％といったむちゃくちゃな貸付けもありました。

それで2017年から規制を厳しくし、すべてのP2Pに対して、ルールを守っているか、安全なのかの調査を実施し、次々と質の悪いP2P企業を潰していきました。

２０１８年秋ごろまでに１５００社ほどに減らされ、貸付残高の１兆元ほどが焦げついたといわれています。このＰ２Ｐドミノ倒産はまだ続いており、最終的には数百社しか残らないだろうとみられています。これは政府が大バブルを崩壊させないために債務残高圧縮を目的として振るった辣腕政策で、ある意味「コントロールされたバブル崩壊」といえるかもしれません。

　ですが、Ｐ２Ｐに頼っていた中小、零細の民営企業までがバタバタと倒産し、１００人以上の経営者や企業幹部らが自殺したり、失踪したり、路頭に迷ったりと阿鼻叫喚の様相を呈しました。貸し付けた個人の資産がＰ２Ｐ倒産によって泡と消えた人々の怒りのデモも起きましたし、そのデモを警察力で押さえつけたりもしました。それでも中国政府としては小さな犠牲によって、企業や銀行を守り、本格的なバブル崩壊を防いだと、この政策を肯定しています。

　小さな犠牲とはいっても、Ｐ２Ｐ利用者はおよそ５０００万人です。けっこう大きくはありませんか。またＰ２Ｐ淘汰だけのせいではありませんが、中国の債務圧縮政策の結果、２０１８年上半期だけで５０４万社の企業が倒産したという報道が中国ネットニュース「網易」に出ていました。２０１８年３月の段階で中国企業総数は３１００万社ですから約6分の1の倒産です。この状況から、「ミンスキーモーメントは回避できたのではなく、始まりだ」と言う人もいます。P2Pを整理するだけでバブル崩壊を防ぐことができないので、これから地方債務や地方の金融機関の淘汰に入っていく、と言うのです。

中国がしでかした4つの経済失策

向松祚も、2019年は2018年の経済政策の失敗により、もっと強烈なバブル崩壊の連鎖が来る、と警告します。彼が指摘する経済失速の原因となった4つの失策とは、次の通りです。

①デレバレッジ（債務圧縮）政策によって企業が直面する資金連鎖が断裂。

中国は長い間、高レバレッジによる経済拡張を進めてきました。レバレッジとは借金を使って低い自己資本比率で投資して利益率を高めることですが、やりすぎると金融バブルがどんどん膨らみます。それで2018年3月以降、こんどはデレバレッジ、つまり債務圧縮、緊縮政策に転じました。そうすると企業への金の流れが減るので景気が悪くなり、あちこちで社債がデフォルトしました。公式統計によれば、2018年の社債不履行総額は1200億元にものぼりました。デレバレッジ政策は金融バブルをコントロールしようという目的でしたが、結果的に中国企業同士が債務保証をし合い、資金調達し合ってきた仕組みにほころびが生じてきました。

②企業の債務総額が600兆元という天文学的な数字であること。

この数字は朱鎔基（しゅようき）元首相（江沢民政権）の息子で、著名エコノミストで実業家の朱雲来・元中国国際金融有限公司のCEOが暴露したものです。彼は「中国の上から下まで、政府から企業、個人、全部が債務バブル、レバレッジ拡張といった経済モデルを続けていけるのか?」と何度も繰り返し警告していたそうです。向松祚によれば、中国資本市場は2018年の1年間で30％縮小しました。時価にして7兆元あまり。これは米国の1929年のウォール街ショックと同レベルだそうです。

「なぜ中国企業のレバレッジはこんなに高く、負債額もこんなに高いのか。過去10年来、中国企業は高速で拡張し、資産も負債も拡張してきたが、それは技術力によるものでも、成長エンジンのおかげでも、利益や自己資金によるものでもない。それは銀行から金を借り、社債を発行しまくり、シャドーバンクに頼ってきたからである」

「なぜ中国の株式市場がうまくいかないのか。中国株式市場の最も根本的な問題は企業が銭を稼がない、ということだ。かつて江蘇の銀行頭取と話をしていて、非常に驚いたことは、江蘇省は全国有数の経済発展地域であるのに利潤10億元を超える企業は数社もないということである。ではA株市場に利益を出す企業は何社見つけることができるだろうか?」

と、向松祚は中国資本市場の異常さを指摘しました。

③私有制廃止という噂が流れ民営企業が委縮してしまったこと。
向松祚は、中国経済失速の一番の理由はこれだと言っています。

習近平が進めた国有企業改革を含めた経済政策は、「国進民退」という国有企業を優先させ、民営企業へのコントロールを強化する方針でした。特に太子党(たいしとう)がバックについたメガ民営企業に対する監督管理は厳しく、安邦保険集団、海南航空集団などが、保有資産を売却させられ、その経営に政府が介入するようになり、事実上国有化されました。

2018年1~10月までの間に、50以上の上場民営企業の株300億元相当が政府機関である国家資産管理委員会によって買い占められ、民営企業の経営権を中国共産党政府が握るという状況になりました。2018年1月、中国共産党理論誌「求是」に、著名経済学者・周新城（しゅうしんじょう）による「私有制度を消滅させよ」と言う論文が掲載されていましたが、まさしく、習近平の経済政策によって私有経済は瀕死（ひんし）の状態にさせられてしまったのです。

向松祚は、2018年の中国経済の失墜の最大の要因は、民営企業の中国当局に対する信用を完全に喪失させたことだと言っています。民営企業は中国の就業の7～8割を担っているので、民営企業の瀕死状況は、大量の失業者を生むことになりました。2018年の失業者数は1000万人を超える規模です。これは単なる経済の問題だけでなく、社会の安定にも関わる問題です。

④外部的要因の米中貿易戦争。シルクロード経済構想「一帯一路」戦略や中国製造業構造の高度化戦略である「中国製造2025」がからむ国際経済の行方。

これまであげた4つの要因は、すべて、中国経済に突然起きてきた問題のように見えますが、実は長らく中国経済の深層にくすぶっていた問題でもありました。この4つが同時期に表面化し、深刻なミンスキーモーメントを引き起こしうる、というわけです。

民営企業と中国共産党の関係は修復できない

では2019年のミンスキーモーメントを防ぐにはどうすべきなのか。向松祚は、まず民営企業家の信用、安心を回復できるかが鍵だと言います。だが、これは意外に難しい。

劉鶴副首相は2018年10月に、国有企業重視に偏りすぎた政策を是正するメッセージを中央メディアのインタビューを通して発表し、民営セクターに対しての融資支援を約束しました。ですが、2019年4月現在、効果が現れているとはいえません。向松祚によれば、中国共産党と民営企業、この2つは恋愛関係のようなもので、いったんここに亀裂が入ると元のさやに戻るのは無理だろうと言います。

劉鶴

次に、金融政策をどうするか。

デレバレッジ政策を終わりにするのがいいのか。中国当局は2018年の年末から年明けにかけて、さまざまな企業救済策やレバレッジへの転換政策を打ち出しています。ですがやはり、効果はあまり期待できないようです。「なぜなら政策自体が根本的におかしいのだ。問題の根本は、長年急速に拡張しすぎ、急速にレバレッジを進めすぎたということで、相当部分の企業がすでにバランスシート上負債超過の困窮に陥っているということなのだ。たとえ監督管理当局が優遇政策を今更打ち出しても、多くの民営企業は再融資を受けて再投資をできるだけの能力をすでに失っている」（向松祚）。

では、株式市場が回復することはあるのか。「2017年の上場企業すべての利潤は3兆3000億元。うち40数社の銀行及び不動産企業がその利潤の3分の2を占めている。つまり、普通の企業の利潤はほとんどなく、銀行と不動産業だけで市場が支えられている状況なのだ。1444社の上場企業、全部の利潤を合わせても工商銀行1つ分にも及ばない。こうした利潤構造の市場がどうしてブル・マーケット足りうるか？」と訴えています。

最大の〝灰色の犀〟は不動産

こうしたリスクを指摘した上で、向松祚は2019年の中国経済の最も深刻なグレーリノ（灰色の犀（サイ）：マーケットにおいて高い確率で存在し、大きな損害を引き起こす材料だが軽視されがちな事象）は、「不動産」だと言います。

「人口の大幅な都市流入が続いているのであれば、不動産が二度と下がることはないかもしれない。だが、中国にいったいいくつ、人口膨張が続く都市があるのだろう？」
「中国の庶民の財産の8割は不動産であり、不動産価格の総額はすでに65兆ドルにのぼる。これは全世界の約1年分のGDP総数70兆ドルに匹敵する」

2018年、全国の不動産開発投資は12兆264億元で前年比9・5％増でした。施工床面積にして82億2300万平方メートル（前年比5・2％増、上昇率は2・2ポイントアップ）。不動産開発企業の土地購入面積は2億9142万平方メートルで14・2％増、土地交易価格は1兆6102億元で18％増でした。商品不動産の販売面積は17億1654平方メートルで1・3％増。同年の不動産開発企業の資金は16兆5963億元と発表されています。

では中国の不動産の総面積っていったいどのくらいあるのでしょう。それを正確に言えることができる人は実はいません。一般に300～420億平方メートルといわれています。1平方メートルあたりの価格を平均1万元として420億元、つまり65兆ドルという推計値が出てくるわけです。

これはどう考えても過剰生産、不動産余りです。ですが、中国では約22都市で、深刻な不動産不足だと報告されています。人口流入が大きな深圳（しんせん）などでは不動産不足なのです。なのに空き室率は異様に高い。中国のオフィスビルの空き室率は30％前後と推計されています。北京市のA級オフィスビルですら全体の空き室率は２０１８年第四四半期で８・１％。中国の主要都市の住宅の空き室率は20・25％、北京では20％と推計されていますが、地方都市の空き室率はもっと高くなっているとされます。ちなみに米国の住宅空き室率は１・４％（２０１８年第一四半期）だそうです。

なぜ不動産の空き室率が高いかというと、不動産価格が異様に高く、また家賃が高いからです。空き室率が高いのに不動産価格がなかなか下がらないのは、不動産投資のレバレッジ率が高く、地方政府は不動産価格を上げることで、その債務を中国の一般家庭に押し付けようとしているからだという指摘があります。土地価格は２００８年から２０１６年までに平均4倍上がりました。

ですから今、家計債務の急上昇が中国最大の金融リスクだともいわれています。２００８年の家計債務率は40％だったのが２０１７年第四四半期には１０７・２％。これはリーマンショック前の米国の水準だとか。債務総額は40兆元でＧＤＰの48％を占めています。（「家庭債務危機およびそれが引き起こす金融システミックリスクに関する報告」上海財経高等研究院）。これは国際的な警戒線（GDPの60％）よりは低いのですが、中国の場合、事情が特殊です。つまり先進国のようにクレジットカードによる買い物が家計債務の大部分を占めていれば、それは消費の牽引力でもあるのですが、中国では不動産が家計債務の7割を占めているのです。

しかも不動産の賃貸料収益率は2％以下。北京や上海、深圳では賃料はものすごく高いのです。20平方メートルくらいのマンションですら月額賃料は1万元を超えたりします。中流大学の新卒ホワイトカラーの月給は5000～6000元です。ですから彼らは都会で働くために、窓のないベッド一つ分のスペースの部屋を2000～3000元くらいで借りたりしているのです。それなのに不動産の平均収益率は2％以下なのです。

中国は2016年から不動産バブルをコントロールしようといくつもの政策を出してきました。有名なところでは北京の930政策（2016年9月30日に出された）や317政策（2017年3月17日に出された）です。これは頭金の割合を引き上げたり、住宅購入ローンに厳しい制限を設けたりして、投機目的の不動産を購入できないようにするための政策で、こうした不動産価格上昇抑制のための地域ごとの政策は2018年だけでも

400以上は出されました。北京などでは一定価格以下で不動産を売りに出さないように指導も入りました。これは事実上、不動産市場を凍結した、ということです。ですから、一部のアナリストたちはこれで不動産バブル崩壊を防げた、と言っています。

不動産の値段は確かに下がり始めたのですが、規制で購入を抑えたわけですから、規制を緩和すれば、また買いたい人が出てきます。そうして不動産市場をコントロールしていけるのだというわけです。実際、2019年はこうした不動産購入規制を少し緩める施策が打ち出されています。ですが、これは不動産が下がりすぎたから緩和するのではなく、地方財政の問題と不動産開発業者からの要請によるものです。

2018年の地方公共予算収入は9兆7905億元、そのうち地方政府性基金予算収入は7兆1372億元。政府性基金とは土地使用権譲渡収入が中心なので、地方財政収入のほとんどが土地譲渡によるものなのです。ですから、地方政府としては不動産市場規制が長期化すると財政的に耐えられないのです。ちなみに銀行の債務残高の38%を不動産開発業界が占めています。

こうしたいびつな状況から、向松祚などは、不動産投資の歴史はもう終わる、規制を緩和しても2019年の不動産開発投資は2018年の9・5%から5%ぐらいに減速するだろう、と予測しています。

繰り返しますが、中国人は資産の8割前後を不動産でもっていて、家計債務の7割が不動産、地方財政収入の7割が土地譲渡です。ということは、不動産バブルがはじけたら、銀行、地方財政から庶民の財産まで全部吹き飛ぶということです。

向松祚はこう警告しています。

「あらゆる金融は資産の信用の上に成り立っている。ある日、人々のすべての金融資産、株、不動産、ファンド、銀行、証券企業に対する信用が失われるときがきたら、誰一人、この厄災から逃れることはできまい。これがミンスキーモーメントなんだ」

中民投のデフォルトショックで見えた、もう一頭の〝灰色の犀〟

中国にはもう一頭の〝灰色の犀〟がいることを、2019年早々に思い知らされました。これは不動産バブルという〝灰色の犀〟とつがいです。それは、企業債です。中国民生投資集団（中民投）という中国最大の民営投資企業は1月29日に償還予定の30億元分の社債

（16民生投資ＰＰＮ００１）が償還できませんでした。当初、技術的問題、と説明していたのですが、実際はデフォルトでした。償還できなかったのは、太陽光パネル投資の失敗や企業買収による負債からくる資金の流動性の困難が原因だったとか。

民営企業の社債デフォルトは、２０１８年に42社（１１８件）で総額１２００億元規模にのぼり、もはやデフォルトラッシュといっていいぐらいなのですが、この中民投のデフォルトはちょっと衝撃度が違います。

この投資会社は中華工商業聯合会という中国唯一にして最大の民間企業商会の後押しを受けて、中国の大民営企業59社がそれぞれ２％を超えない範囲で出資する形で、国務院の批准（ひじゅん）を得て２０１４年に作られた会社です。資本金５００億元で登記されました。中国版モルガン・スタンレーなどとも呼ばれ、当初は「民営企業の育成や業界再編、地域経済の構造改革などに役割を果たす」などと、大いに期待が寄せられていました。２０１６年までには資本総額は３１００億元を超える規模に急成長し、〝秒速で稼ぐ企業〟などという評価もありました。そんな大企業が社債デフォルトとは、中国の民営経済はどれほど行き詰まっているのか、ということを世界中に知らせてしまったのです。

中民投は当初は太陽エネルギーパネル、鉄鋼物流、船舶の3分野に投資していきました。これらは中国三大過剰産業の一つですが、そもそも中民投はこうした過剰産業の企業整理を促進する役割も担わされていました。特に太陽光パネルへの投資はこの5年で1500億元です。

2015年に寧夏（ねいか）に世界最大の単体太陽光パネル発電所を建設するプロジェクトを開始し、150億元を投じました。しかし、その年の寧夏全域の太陽光発電量指標はわずか600MW程度です。2016年6月に一期工事が終わった段階での発電量は380兆Wと「寧夏日報」は報じてます。1兆W＝100万MWです。需要と供給バランスからいえば、ちょっとむちゃくちゃな話ですよね。でも、これは中国政府が政策として電力源の多様化を謳っていたこととも関係あります。

それなのに2018年、国家発展改革委員会、財政部、国家エネルギー局は突如、中国の太陽光発電関連産業の発展に急ブレーキをかけるような通達を次々と発表します。

一番影響が大きかったのは、太陽光発電所建設の計画をすべて一時棚上げする、というものでした。また太陽光発電の電力の全面的値下げ、全面整理を通達します。これにより中国の太陽発電市場は1000億元規模で縮小、ほとんどの太陽光発電関連工場が停止し、関連企業が倒産に追い込まれました。国務院もやりすぎたと思ったのか、あとで補正の政策を出したものの焼石に水。太陽光発電関連産業は暗黒期に突入しました。

中民投が２０１８年６月までに投資した太陽光発電関連プロジェクトは寧夏の件を除き約22件、国家の電力政策の風見鶏（かざみどり）的な対応により、飛ぶ鳥を落とす勢いだった中民投の利益率は急激に落ちてきました。この社債デフォルトの原因も、寧夏の銀行が関わっているという噂で、おそらくは太陽光発電プロジェクトの失敗が影響しているのではないかといわれています。

この中民投デフォルト騒動で中民投が申請している債権17中民G1、18中民G1、18中民G2が軒並み取り引き停止になりました。中民投は民営企業に投資し、株主になり、経営に参与し、民営企業を立て直すというこれまでの経営戦略方針を転換するとしています。

手持ちの優良な企業株を売り、利益が出ない企業は整理し、投資中心の戦略に変えていくようです。中民投が持っている最も良質の資産といわれる上海の董家渡（とうかど）地域の開発プロジェクトの債権を上海国有資産委員会の後ろ盾をもつ緑地ホールディングスに１２１億元で譲渡しました。この土地は、デフォルト騒動が表沙汰になる前に上海金融裁判所に差し押さえられていたものです。

また、中民投傘下の筆頭投資会社である中民文化投資集団の経営からも手を引き始めているようです。中民文化投資集団の株主は14法人ですが、それが7法人に減りました。減った株主法人はみな中民投子会社です。その他の航空融資関連や健康融資関連、不動産開発、環境保護関係、病院医療関係の上場企業株を今後売却して資産整理していくとみられています。２０１５年に買収した上置集団や２０１６年に買収した億達中国などの有名不動産開発企業も売却リストに入っているとされ、外国の戦略投資家たちとも目下接触しているようです。

中民投の総資産は３１００億元、負債総額は２２００億元以上で、純資産は８００億元あまり。マイナスではないので、流動性が回復すれば立ち直れると、中民投の呂本献（ろほんけん）総裁はコメントしていますが、中民投が２０１９年に償還せねばならない社債は総額５３３億元規模にものぼります。政府系資産管理会社・長城集団が中民投との合併を進めているそうですが、危機はまだまだ続きそうです。

こういった民営企業のエースで民営企業業界そのものを立て直し活性化する任務を負ったメガ投資集団が挫折しかけているので、２０１８年から明らかになってきた民営経済危機は、いよいよ手の打ちようがなくなってきました。これが2019年の民営企業債デフォルトラッシュが〝灰色の犀〟となって暴れ出す、という予測を生んでいます。

2019年は6兆元の社債償還ラッシュ

中国は実体経済の悪化を受けて、企業債の乱発がかねてから問題にはなっていました。その償還ラッシュが2019年にやってきます。中国三大格付け機関の一つ、中誠信国際の推計ではその額は5兆7000〜6兆2000億元規模（国有企業債、民営企業債、CRMWなど）。そのなかでも地方政府融資プラットフォームの債権、民営企業債権、中小不動産関連債権の償還が危ういといわれています。不動産関連債権の償還は4026億元規模、これは2018年の倍の規模です。ちなみに不動産関連債権の償還ピークは2021年。また中信建設投資の推計では、2019年は4804億元規模の不動産関連債権の売り戻しを投資家たちは選択するとみられ、不動産債権償還圧力はものすごいものになるでしょう。第一四半期だけでも2263億元以上だとか。国内債権だけではなく、海外の中国資本発行人のドル建て債権も同じような状況です。

ところで、2019年春節が明けてまもなく、大不動産企業が一斉に債権を発行しました。マレーシアのフォレストシティ開発を手掛けていた碧桂園や中国恒大、中国奥園、融信中国、正栄地産、禹洲地産、緑地中国、世茂房地産など、2月18日までの集計で1546億元あまり（そのうち海外が729億9000万元）になります。これは2018年同期の規模をもちろん超えます。不動産バブルが限界だといわれているのに、これはどういうことなのでしょうか。中国当局が、不動産市場に対する規制を緩和するという見込みが流れているからというのもありますが、償還のための債権発行だという見方も強いのです。それは、大不動産企業ですら自転車操業に陥っているということではないでしょうか。

人民元が紙くずになる日

人民元がどうなるか、というのも中国経済にとって大きなテーマです。2015年8月11日に人民元基準値の2%の切り下げを行い、12、13日と計4・6%切り下げました。これは人民元安誘導によって輸出競争力を回復させようという景気浮揚効果を狙ったのか、あるいは中国経済の減速の実勢を反映せずに人民元高に動いていたのを政府介入によって訂正したのか。

諸説ありますが、結果としては突然の人民元変動は国際社会から強い反発を買い、国内的には大量のキャピタルフライトを誘発しました。そこへ米中貿易戦争が勃発、一帯一路と中国製造2025の挫折が重なり、中国は元が暴落しないように外貨準備を利用して元を買い支えたために、外貨準備は3兆1000億ドルを切るまでに減ってしまいました。外貨準備のうち6割が対外債務残高、2割が外国直接投資で、これを除くと中国が使える外貨準備は5800億ドル程度で、もし米中貿易戦争を解決するために対米貿易黒字3223億ドルをなくせば、外貨準備はほとんど底をうってしまいます。

米中通商協議で中国側は貿易黒字を2024年までにゼロにすると提案しています。そうなると、外貨準備を使って人民元暴落を防ぐ方法はありません。中国では1ドル＝7元を割り込む（中国語で〝破七〟）と一気に暴落するという懸念があります。そうなると人民元による国際購買力が下がり、手持ちの人民元価値が一気に下がってしまう、つまり人民元が紙くずになってしまいかねないのです。

もっともそんな事態は米国側も望まないので、米中経済協議では、為替問題についてはある程度合意ができているようです。おそらくは米国も協力して人民元の暴落を防ぐことになるでしょう。

2019年初頭の観測では年内に〝破七〟は起こらないであろう、とみられています。そのうち米国は圧力でもって、中国の人民元市場をこじ開けてくるかもしれませんし、その前に昔のプラザ合意のような形で人民元を大幅切り上げさせるかもしれない、という見立てもあるのですが、それはまだ先の話です。

ですが、中国として2019年の通貨・金融政策をどうするか、どうしたいか、という方向性は同年2月現在でも定まっていないのです。政府は2018年暮れから、量的緩和、金融緩和、積極財政のサインを出し、流動性を回復しようとしています。そこで、2019年1月の新規人民元建て融資は過去最高の3兆2300億元、マネーサプライM2伸び率は前月比8・4%で、いずれも国内外アナリストの予想を上回る数字となりました。

ですが同年2月21日に中央銀行である人民銀行内部の専門家たちが座談会を行い、「リーマンショック翌年の2009年のようにざぶざぶと通貨供給量を増やすようなまねをしてはならない」「量的緩和は必要ない、金融緩和はまだ早い」というところで意見が一致しました。李克強首相も短期貸付の急増に対して警戒感を示して、「ざぶざぶ水を流すわけではない」と慎重な金融政策の継続を強調しました。

思うに、中国の経済政策は相当ぶれているのだと思います。図体が大きいので、小回りがきかない部分があるから、ともいえますが、朝令暮改でGOサインが出たかと思えば、すぐ禁止令が出るようなところがあります。

特に習近平政権になってからは、国家主席の習近平チームと李克強ら国務院官僚チームの方針にずれや対立が出て、現場や企業が右往左往しているのが見てとれました。太陽光発電政策も、シャドーバンキング政策も突然過激になったりして、民営企業が翻弄されていました。こうした政策の不安定さは、背後に権力闘争もあるといわれています。権力闘争リスクについては、「第二章」で改めて触れましょう。

こうした不安定さ、不透明さが、人民元、しいては中国経済の隠れた信用リスクであり、ある日突然、中国経済の崩壊の引き金になったりするのではないかと、私は思うわけです。

李克強

体制内エコノミストが本音を言い出した

この章では向松祚の発言に紙幅をとってしまいましたが、こうした体制内経済学者の危機感を表す発言は昨今、大変増えています。

2019年2月16日に行われた「中国経済50人論壇年会」の場で、中国社会科学院経済研究所副所長の張晓晶(ちょうぎょうめい)も「伝統的体制が最大のグレーリノ(灰色の犀)だ」と主張しています。

「中国経済50人論壇」は全中国から選び抜かれた体制内エコノミスト、経済アナリスト、学者たち50人によるシンクタンク集団で、中国の経済政策に最も影響力をもつといわれています。5年ごとにメンバーの一部が入れ替えられ、これが新メンバーによる最初の年会でした。この年会に、この論壇の指導的立場にあるはずの劉鶴は欠席していました。劉鶴は習近平の一番信頼する経済ブレーンです。欠席の理由は米中通商協議の代表団団長として多忙だから、ということですが、本当は経済学者たちからの耳の痛い批判を聞きたくないからだといわれています。

劉鶴は優秀な経済官僚ですが、習近平のイエスマンともいわれてきました。学者たちからの経済政策批判は劉鶴自身への批判でもあり、習近平批判でもあるのです。

　この年会の場で、張暁晶は「中国のレバレッジ率がやたらと高く、特に国有企業と地方政府のレバレッジ率合計は１３９・８％で実体経済部門全体の債務の６割を占めている」「国有企業と地方政府のレバレッジ率リスクがここまで高い理由は政府と企業の不可分の体制にあり、特に金融体制が国有企業に向けて偏っているのが問題だ」と言いました。「ゾンビ企業（経営上破綻（はたん）しているが、政府が補助金などを出して倒産させないようにしている〝死に体〟の企業）となっている国有企業を立て直すには、まず国有企業に、政府がいつも尻ぬぐいしてくれるという思い込みを取り除き、金融システムの偏りを正して、改革を通じて、伝統的な弊害を取り除かねばならない」と力説しました。

　国民経済研究所の樊綱（はんがん）所長は「中国投資の成長動力が不足している原因は〝体制〟上に存在する各種の欠陥のせいである」と指摘しました。中国発展研究基金会の劉世錦（りゅうせきん）副理事長は「政府が主導する経済方式を改革する必要がある。計画経済から公平な市場経済のプラットフォームに転換させることが切実」と強調しました。北京大学国家発展研究院の黄益平副院長は「中国の金融システムの問題点は２つある。銀行が主導していること、政府の干渉が多いこと。こうしたシステムは国有企業への融資を緩くし、中小零細民営企業への融資を困難にしている」と言い、清華大学中国経済研究センターの魏傑主任は「重要な問題の一つは、（私有財産の明確な定義がない中国で）人々の財産の安全をどうやって保障するか。40年来の累積した問題は、いったん表沙汰になると非常にやっかいだ。法律の整備が必要で、その法律が公平、公正でなければならない。今の法律では、同じ（経済）犯罪行為に対して、民営企業で起きる場合と、国営企業で起きる場合とで判断が変わる」と批判しました。北京大学国家発展研究院の張維迎教授は「中国経済に最も必要なことは〝変〟だ。ただ変わること。改革だけが中国経済を安定させる」と言いました。向松祚も中国が自力で再生する方法として、「税制改革、政治改革、国のシステム改革（税改、政改、国改）」以外ない、と言っています。

　劉鶴という習近平の代理人が欠席したせいもあるかもしれませんが、多くの専門家が「体制の問題」に言及しているのが印象的です。私の知る限り、中国のまともな経済学者、アナリストの本音は、「中国経済の問題の本質は体制であり政治の問題だ」と考えているようです。

　中国の経済危機を回避する唯一の逃げ道として、88歳になる経済学会の長老格の呉敬璉は、習近平に対して発した「十大改革の忠告」が、今の経済学者たちの本音に近いところをまとめていると思うので、ここで紹介しましょう。

①市場化、法治化以外、中国に逃げ道はない。

②口先だけでない市場化、法治化、民主化を推進し、経済と政治を包括した体制をたて、権威発展モデルから民主発展モデルへ転換するしか中国の行くべき道はない。

③改革と理論の実際問題に対しては適切で自由な討論、あるいは〝思想の自由市場〟が確立されていることが、改革を推進するための必要前提条件だ。

④ソ連式イデオロギーが我々に与えた影響は強烈で、今もって重荷となっている。これは次の世代にとって良いものなのか？　それはわからないが、一つの大きな問題は、思考方式の慣性が継続していることだ。我々の教科書では、ソ連式イデオロギーに対する論証を徹底的に整理していない。

⑤今の中国は、巨大利益の特殊既得権益者が権力を手中に収め、世論誘導ツールを手に入れ、社会を必然的に極右に動かす。もし、この仕組みを断絶できなければ、国家資本主義は権貴（けんき）資本主義となり、官僚主義は封建的国家独占資本主義になってしまう。

⑥もし国家がさらに経済・社会を強くコントロールし、行政権力が市場に干渉することをほしいままにすれば、そして理論武装によってその正当性を得れば、これは非常に危険

だ。そのまま行けば、中国は絶対、中国の特色ある社会主義国になりえず、ただの国家資本主義と権貴資本主義になるだけだ。

⑦中国は長期専制の伝統の国だ。レーニン―スターリン式専制を長期に実践してきた。これを転換させるのは非常に重く、困難だ。中国の経済は市場化を多少推進したが、それは経済資源の再分配メカニズムを欠いた市場経済であり、これを支えるための別の方面の制度が必要だ。でなければ市場の自由競争の秩序が担保されない。権力の介入が市場を支配し、ジャングルを支配するやり方で、経済全体をレントシーキングの場にしてしまう。

⑧近年、政府はミクロ経済に干渉しすぎで、経済資源の再分配の力を市場ではなく、権力によって行おうとしている。これは自由競争市場ではなく、市場によく似た〝偽市場〟にすぎない。現代市場メカニズムを打ち建てることが、この問題を解決するために必須である。

⑨近年、この国家権力による市場の独占とミクロ経済への過剰干渉、レントシーキング拡大、腐敗の怪しい連鎖が拡大しており、それを誤った世論誘導によってあたかも、改革による市場化の罪のようにみせかけ、さらに行政の干渉と国家の独占を強化する理由に

使われている。

⑩経済改革の要求を言い続けて、それがいまだ実現できていない。重大な理由は、1992年以降の改革に重大な欠陥があるからだ。80年代は経済改革と政治改革はともに提示されていた。1986年、鄧小平は何度も政治改革をしなければ経済改革もうまくいかないと言っていた。だが今は、経済改革とは政府経済管理職能の改革であって、政治とは無関係としている。このため政府改革まで停滞している。

要するに中国経済の直面するミンスキーモーメントを含むあらゆる危機を回避する唯一の道は、市場化、法治化、民主化を進め、言論・思想の自由を確立して、中国共産党国家権力の独占とミクロ経済の過干渉をやめさせ、今やっている「国家資本主義化＝改革開放」という間違った世論誘導をやめさせること。一言でいえば中国共産党体制を打ち壊すしかない、ということです。それが体制内の少なくない経済学者たちの本音なのです。

となると、中国は経済崩壊を回避できても体制崩壊のリスクに直面するということになります。

そうなのです。ミンスキーモーメントと同じくらい、恐ろしいのは政変リスクなのです。

嫌われ習近平に漂う政変のにおい

豚でも皇帝になれる中国共産党体制

2019年現在、中国の指導者は習近平です。中国共産党中央総書記にして国家主席。そして皇帝のような独裁者になろうとしている、ともいわれています。

私は直接会ったことがないので、直接会ったことのある数人に、「習近平ってどんな人ですか?」と聞いたことがあります。

習近平がまだ福建省の省長であったころに交流があったある日中関係者は「自信のない、気弱なところのある人だった」という印象をもっていました。習近平が浙江省の書記に内定したとき、「ご出世ですね、おめでとうございます」とお祝いを言ったら、「あまりおめでたくないですね。ひょっとすると私はこれで終わりかもしれません」と、心細そうに言ったそうです。浙江省の書記に習近平を強く推した人物は、江沢民の側近で曾慶紅(そうけいこう)という政界のフィクサーともいうべき政治家で、習近平は中央の権力闘争のコマに自分が使われるのだと脅えていたのではないか、とその人は感じ、意外に気の弱いところがあるのだな、と思ったそうです。

習近平の父親は習仲勲(しゅうちゅうくん)という建国八大元老の一人ですが、文化大革命のときは権力闘争に敗れて投獄されており、天安門事件のときも鄧小平に逆らったので不遇な目にあいました。習近平自身も文化大革命時代は陝西省の北部に下放されました。そういう権力闘争の恐ろしさを目(ま)の当たりにしてきたからこそ、自分の身に待ち受けるリスクを予感していたのかもしれません。

もう一人は元上海市の学者官僚で江沢民の下で働いたことがある人物で、習近平のこともよく知っているそうです。彼は「習近平は一言でいえば〝老好人〟だな」と言いました。老好人は、直接的に訳せば〝好人物〟ですが、上海人がこの言葉を使うときはあまり良い意味ではありません。実際、彼は「いい意味で言ったのではないよ。凡庸な人間だということだ」と外国人の私が誤解しないように補足して言いました。江沢民も凡庸な人物だといわれてきましたが、「江沢民は自分が凡庸であることを素直に認めている分だけましだ」と言いました。

習近平

習近平の妻、彭麗媛(ほうれいえん)は元軍属歌手の国家的アイドルともいえる歌姫でした。彼女を学生時代によく知るというある女性は、「彭麗媛は学生時代は田舎から出てきたばかりのダサい女の子で、私は服をあげたり、いろいろ面倒をみてあげた。でも、ものすごく気の強い娘で、上昇志向が強かった。たぶん習近平は強い女性の尻に敷かれるのが好きなタイプなのだ」と話していました。

実際、習近平はマザコンでシスコンだというもっぱらの噂です。習近平は母親の齊心に今も何かと相談し、母親の言うことには逆らえないそうです。また、姉の齊橋橋はやり手の実業家で、国政に忙しい習近平に代わって、習一族の采配を握っています。習近平はお姉ちゃんっ子で、今も一族の問題については姉に従うとか。彭麗媛は歴代の中国の国家指導者の妻のなかでは、ファーストレディとして劉少奇の妻の王光美以来の存在感です。外遊への同行も、妻の立場ではなく外交代表団のメンバーとして、ファーストレディ外交を担う立場で参加しています。習近平の芸能界・映画界・文芸界に対する指導強化政策などは、彭麗媛の意向がかなり反映されており、〝中国共産党の西太后〟〝毛沢東の妻・江青の再来〟などと陰でささやく人もいます。

習近平の娘の習明沢も相当気が強い女性のようです。ハーバード大を卒業後、帰国してからはパソコン音痴、インターネット音痴の習近平の代わりに、インターネット世論誘導などニューメディアの宣伝政策で主導的役割を果たしています。

習近平政権の政策は、かなり習近平の身内女性の影響を受けているようです。

特に私の印象に残っているのは、習近平に嫌われて体制内学者の立場を失ったある著名学者が「習近平は無能だ」と一刀両断したことでした。私が、「無能な人間が国家指導者になれますか？」「権力を掌握できますか？」と尋ねると「中国は豚でも皇帝になれる国だ」と言い捨てました。

中国共産党の独裁体制とは、上部組織が下部組織を指導・支配するトップダウンのヒエラルキー構造になっています。しかも三権分立も司法の独立も憲政も完全否定されています。憲法も司法も宗教も学問も文化も経済も市場も軍隊も、「党政軍民学、東西南北中、一切を党が指導する」という通り、すべてを中国共

習仲勲（左が習近平、中央は弟の習遠平　1958年）

彭麗媛（習近平の妻）©アフロ

産党が指導・支配することが前提です。だから誰も中国共産党には逆らえず、中国共産党内部でも上部組織の決定には下部組織は絶対従うことになっています。ですから、いったん中国共産党のトップになると、豚でも猿でも、どんな無能な者でも絶大な権力をふるうことが可能なのです。

高いプライドと強いコンプレックス、小学生レベルの傲岸不遜

「習近平は無能だ、頭が悪い」と言っている人は実はすごく多いのです。改革派、開明派と呼ばれる知識人や官僚はもちろん、保守派、左派の重鎮たちからも、私の知るかぎり、どちらからも能力的な評価は低くみられています。彼を誉めちぎるのは、ヒラメ官僚（自分の出世と保身だけに気を使っている習近平の限られた取り巻き連中）だけという印象です。

学歴ということだけでいえば、習近平の学歴は立派です。清華大学化学工程学部に入学していますし、清華大学の大学院法学課程で法学博士号も取得しています。清華大学といえば名門中の名門ですから習近平の地頭は悪くないと思われるかもしれません。しかし彼が入学した1975年というのは、文化大革命中でまともな大学入試がなかったのです。

そのころの入学者はほとんどが毛沢東の推薦によるものです。法学博士号論文も代筆であったという説が濃厚です。当時を知る清華大学の教授は「キャンパス内で習近平を見かけたことがない」とも言っていました。

一方、3歳年下の李克強が入学したときには大学入試が始まっていたので、彼は実力で北京大学に入り、卒業時は学内一の成績で英国留学を選ぶか官僚政治家としての出世コースかを選ぶか悩んだほどの秀才でした。習近平は学歴コンプレックスが強いのかもしれません。

習近平のことを頭が悪い、と公言している人物のなかに、2019年2月16日に101歳で死去した元毛沢東の秘書・李鋭がいます。1957～58年に毛沢東の秘書をしていましたが、大躍進を批判した彭徳懐の失脚に連座する形で黒龍江省の農場送りになり、また文化大革命のときは反革命罪で投獄されました。文革後名誉回復したのですが、天安門事件のときは胡耀邦や趙紫陽を擁護し、民主化を求める学生の武力鎮圧に最後まで反対し続けた〝中国共産党内の良心〟ともいうべき長老でした。

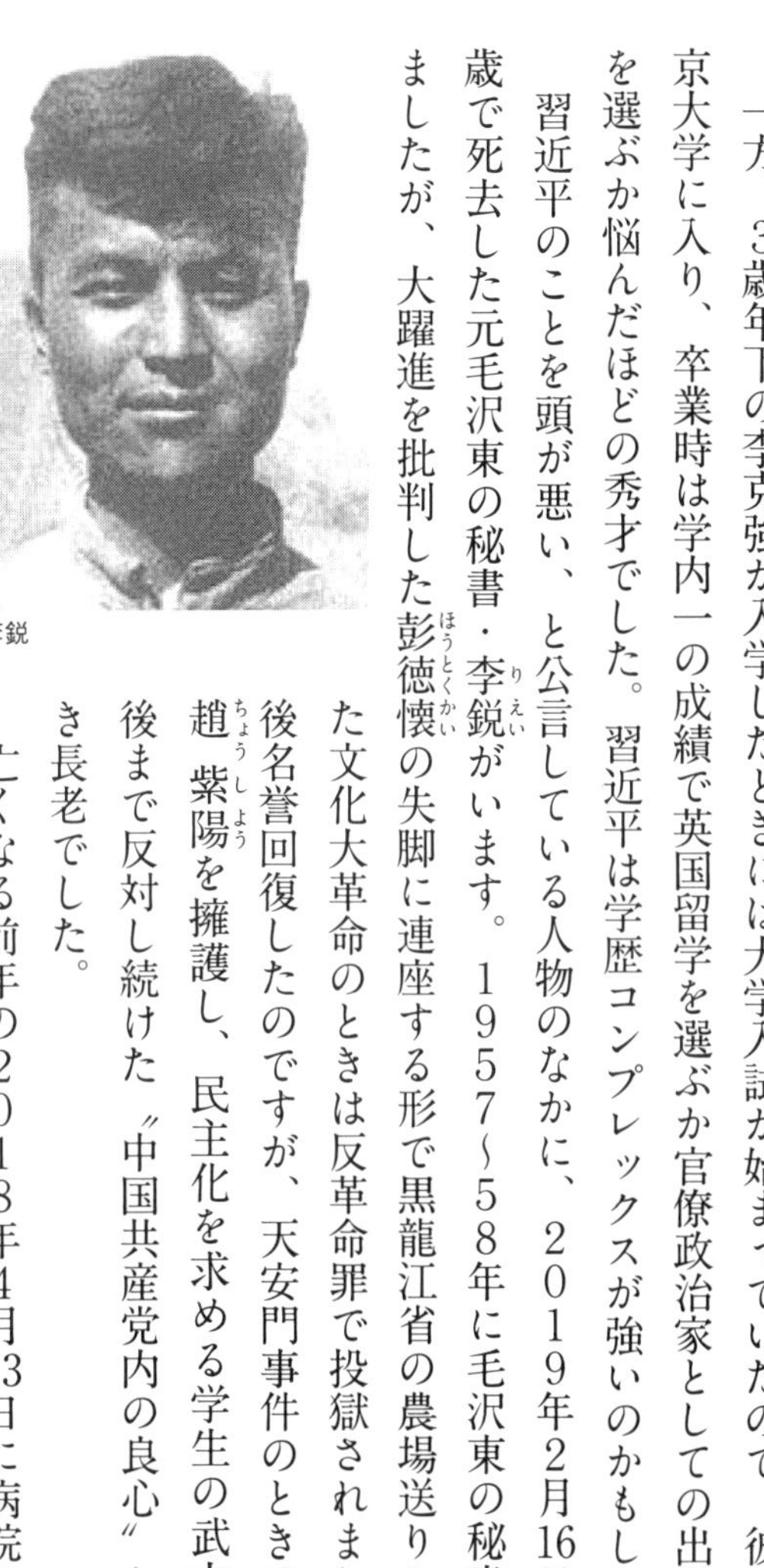
李鋭

亡くなる前年の2018年4月13日に病院のベッドの

彭徳懐

上で受けた「ボイス・オブ・アメリカ」のインタビューで、浙江省の書記時代の習近平に会ったときのエピソードを語り、「習近平は小学生レベル」と厳しい言い方をしていました。

李鋭はこのインタビューでこう語っています。

「私と習近平が最後に直接会ったのは、彼が浙江省の書記のときでね。それまで彼の文化レベルがあんなに低いとは思わなかったよ。彼は私を食事に招待してくれたので、私と妻と習近平の秘書と習近平の4人で食事をした。彼は習仲勲の息子だろ。だから、気兼ねなしに、アドバイスしたんだ。

そのとき（の反応で）彼がとってもレベルが低いんだと気づいた。小学生レベルだ。席を立つときに、彼は私にこう言った。『あなたは今、聞き捨てならないことを言いましたね。僕がどうしてあえてそんなことをすると思うのですか？』。もちろん、私は彼を見下して言ったわけではない。彼は（親友の）習仲勲の息子だからね。……ああ、うまく言えないなあ。あいつはいったい今ごろどんなふうになっているやら……」

李鋭は毛沢東から習近平までさまざまな国家指導者と直接会ったことのある人物です。

しかも習近平の父親の習仲勲とは大親友でした。病床でチューブにつながれた状態でのインタビューですから、本当に死の直前に、親友の息子が周りの忠告も聞かずに暴走していく様子を心配しているようでもありました。

このインタビューを聞いて多くの人が思ったのは、李鋭のような良心的知識人で大長老の直言に子供っぽく言い返した習近平は非常に傲岸不遜（ごうがんふそん）、自信過剰の気があり、それは学歴コンプレックス、誰からも尊敬されていた優れた父親と比較されることへのコンプレックスを持っていて、自信のなさの裏返しゆえの虚勢ではないか、ということでした。

習近平は小さいころはいじめられっ子だったという話があります。革命戦争時代、中国共産党幹部の子供たちは一か所にまとまって暮らしており、幹部の子供たち同士は兄弟のような間柄でした。

薄一波

たとえば建国八大元老の一人の薄一波（はくいっぱ）の息子の薄熙来（はくきらい）は、習近平の兄貴分でした。ですが薄熙来は父親に似て性格が結構悪く、習近平を子分扱いし、いじめていたらしいのです。大人になっても、薄熙来の性格は悪いままでしたが、ハンサムで頭が良く、自信家でした。ですから昔さんざん馬鹿にして子分扱いしていた習近平が急に出世し、中国共産党指導者に抜擢されたことに嫉妬して、自分の方が中国共産党指導者にふさわしいと思い、政変を起こして習近平から総書記の座を奪おうと画策したことがありました。それは未然にばれて、薄熙来は現在、表向きは汚職の罪ということで服役中です。

習近平の出世スピードはとても速いのですが、それは実力ではなくて親の七光りだと言われてきました。実際、習仲勲は息子に対しては過保護なところがあり、習近平が河北省正定県の書記から官僚人生をスタートした当時は、河北省の書記の高揚にまで電話して、「息子をよろしく」と頼んだそうです。高揚は昔の中国共産党員らしい硬骨漢で、いくら政治局委員の息子でも、そういう忖度を一切しない人だったので、公の会議の場で「習仲勲からそう頼まれたが、私はそういうえこひいきをしない」と言ったこともありました。習近平としては、ものすごく恥ずかしく、悔しかったことでしょう。習近平本人が誇りに思えるのは、建国の英雄の一人である習仲勲の息子であるという部分しかないのかもしれません。

習近平は前の代の総書記・国家主席である胡錦濤について、「茶葉売りの息子が中国共産党の最高指導者になるのはおかしい」と言ったことがあるそうです。胡錦濤の父親は茶葉の行商人でした。革命によって国を作った中国共産党の指導者は革命家の子孫でないといけない、というのが習近平の主張です。革命家の子孫は〝紅二代〟と呼ばれ、強い特権意識を持っています。中国の貴族、王族のようなものです。ですから太子党（プリンス党）という呼び方もあります。習近平の国家指導者の考え方は、王政、皇帝政治に近いものがあります。

こうした情報を総合すると習近平は、自信がなく、コンプレックスが強く、凡庸で能力も低いいじめられっ子体質です。

その一方で親の七光りで出世も早く、周りにちやほやする人も多かったので自己評価が妙に高い自信過剰家で、苦言を呈したり、厳しいアドバイスを言ったりする人に対しては反発し、傲岸不遜な態度をとりがち。コンプレックスが強いのにプライドが高い、しかもマザコンでシスコン、妻にも尻にしかれて周りの女たちの意見を政治に持ち込んでしまう、という非常に〝残念〟なキャラクターになります。

さんざんな言いようになりましたが、そう考えると、習近平が胡錦濤から政権を禅譲されてのちの、権力集中と個人崇拝路線、そして反腐敗キャンペーンを建前とした激しい権力闘争による有能な人間の蹴落としなども腑(ふ)に落ちるのです。

鄧小平システムの破壊者

習近平が総書記や国家主席になれたのは、胡錦濤と江沢民の激しい権力闘争の攻めぎ合いのなかでの、双方の妥協の産物でした。胡錦濤は自分が共産主義青年団という官僚養成組織の出身なので、後輩で極めて優秀な李克強を総書記にしたかったのですが、江沢民はそれを妨害して自分の派閥（上海閥）の人間を入れたかったのです。ところが激しい権力闘争の結果、上海閥の一番のエースは胡錦濤によって失脚させられ、李克強も足を引っ張られて総書記になれなかった。結果的に、さほど優秀ではないけれど、八大元老の習仲勲の息子という血統ブランドを持つ、凡庸で小心者の習近平が生き残ったわけです。

習近平は江沢民や曾慶紅の長老政治に都合のよい人物として選ばれ、胡錦濤から見れば開明派の習仲勲の息子だから、話が通じるかもしれない、ということでしょう。いずれにしても、双方が、習近平は政治家としては自分たちより小物であり、どうにでもコントロールできると思ったのだと思います。

江沢民も胡錦濤も党と国家の指導者になれたのは鄧小平のおかげでした。二人とも鄧小平がまだ権力の頂点にいたころに後継者に指名されたのです。

毛沢東は大変優れた軍事戦略家で革命戦争を勝ち抜き、中国人民共和国を建国しましたが、経済政策のセンスはゼロで、しかも嫉妬心と権力欲がものすごく強かったので激烈な権力闘争に明け暮れました。文化大革命も劉少奇を失脚させるために仕掛けたのです。

この権力闘争に三度も敗れた鄧小平ですが、鄧小平も稀代（きたい）の天才政治家で、敗れたあとも必ず復活しています。毛沢東の死後は強いリーダーシップで、文革によって疲弊した中国を立て直そうとしました。ですが、天安門事件が起きてしまいます。

天安門事件については学生たちの民主化運動の側面は広く理解されていますが、実は鄧小平、胡耀邦、趙紫陽の権力闘

天安門事件　©AP/アフロ

毛沢東

鄧小平

争が背後にあります。最初はこの優秀な三人の政治家がトロイカ（三頭立て馬車）のように仕事を分担して国を立て直そうとしていたのですが、胡耀邦の人気が非常に高いので、鄧小平と趙紫陽は嫉妬し、胡を失脚させました。すると今度は鄧小平と趙紫陽が対立することになりました。趙紫陽は学生運動を利用しようとし、鄧小平は学生運動を鎮圧したのです。

天安門事件はあわや中国共産党体制が転覆するかというきわどいものでした。鄧小平は文革経験と天安門事件を経て、二度と国家を疲弊させ、中国共産党体制を転覆させかねないような激しい権力闘争を起こさないために、凡庸な江沢民に総書記と国家主席と中央軍事委員会のトップ権力を集中させることにします。

江沢民自身が、凡庸な自分がいきなり指導者として抜擢されたことの不安とおぼつかな

劉少奇

胡耀邦

趙紫陽

さをのちの回顧録で告白しています。そして江沢民政権のあとでも後継者争いが起きないように、次は胡錦濤が指導者になるようにと、自分の死後のことまで決めていたのです。

江沢民は実の父親が汪兆銘政府の〝スパイ〟、育ての父親が中国共産党革命烈士という複雑な血統の凡才児。胡錦濤は茶葉の行商売りの息子で、勉強だけが取り柄の真面目な秀才。ですがそういう小粒な人間は一人ですべての責任を負うような決断はできません。鄧小平は、そこで集団指導体制という小粒ながらそこそこ優秀な人間が7～11人ぐらいで役割分担して、責任を分けて国家運営を行うシステムを作り上げました。これを「集団指導体制」と呼び、その最高指導部が政治局常務委員会です。

汪兆銘

政治局常務委員会に入れば、「刑不上常委」という暗黙の不逮捕特権が与えられました。これは政治局常務委員の最高指導部内でお互いを失脚させるような権力闘争を防ぐ狙いがあります。権力闘争は相手に罪（反革命罪だとか汚職だとか）をかぶせて失脚させるのが常套（じょうとう）手段でした。

かといってそれで権力闘争が完全になくなるわけではあ

りません。5年ごとの党大会のときに政治局常務委員会（最高指導部）メンバーを入れ替えます。このメンバーに誰を入れるか、序列をどうつけるか、という派閥闘争のような権力闘争は行われてきました。ですが政治局常務委員会に入れれば、みんなで権力と責任を分担し合って協力し合うという暗黙の了解ができました。

鄧小平が直接指名した後継者は胡錦濤まで。胡錦濤の次の指導者は、江沢民派と胡錦濤派が派閥争いをし、双方の派閥が妥協できると思った習近平が序列一位の総書記に選びだされたのです。

こういう適度な権力闘争はあるけれども、殺し合うような激しい権力党闘争を避けて、なおかつ個人独裁を防ぎ、一期5年二期10年のペースで権力の禅譲を文革や天安門事件のような動乱なしに、スムーズに安定して行えるような、「鄧小平体制」ともいうべきシステムが作り上げられました。

つまり習近平は改革開放以降、鄧小平チルドレンではない最初の指導者。逆にいえば、小粒な凡才が指導者になる上でこれまで必要であった〝鄧小平のお墨付き〟のない指導者です。ですから、最初からちょっと舐められぎみでした。江沢民や曾慶紅、あるいは解放

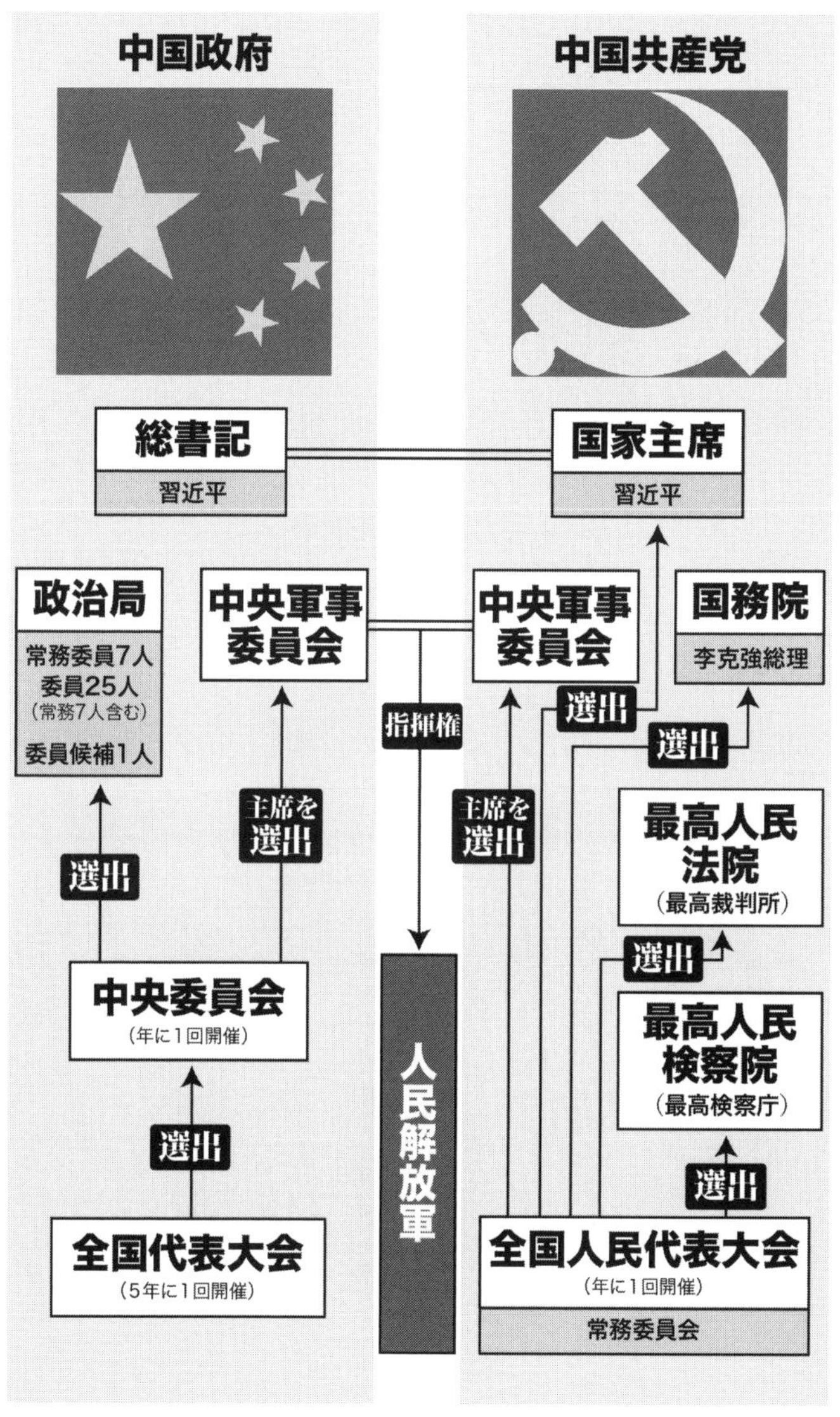

中国共産党と中国政府の関係図

軍の長老である江沢民派の徐才厚（じょさいこう）などは当初、総書記となった習近平の後見人を引き受けて政治に口を出す気がまんまんでした。また薄熙来のように自意識の高い紅二代の政治家が習近平に取って代わりたいと狙うようになりました。

こういう環境で、コンプレックスが強くプライドだけが高い小心者の習近平がどういう行動をとるか。

彼は自分を見下して利用しようとしたり、権力を奪おうとしたりする官僚政治家をとことん排除しようとします。そして、鄧小平が作り上げた集団指導体制である「鄧小平システム」を破壊し、自分一人がすべての権力を掌握できる、毛沢東時代の「個人独裁体制」に共産党システムを作り変えようとしたわけです。

徐才厚

それが「虎もハエも叩く」というスローガンを掲げた反腐敗キャンペーンであり、個人崇拝路線であり、「改毛超鄧」（毛沢東路線を改良し鄧小平路線を超える）と呼ばれる路線です。

2012年秋に習近平が棚ぼた式で総書記になったのち、この反腐敗キャンペーンで、習近平は元政治局常務委

周永康

令計画 ©ロイター/アフロ

員の周永康をはじめとする江沢民派の大物政治家を次々と失脚させ、また胡錦濤の側近であった令計画ら団派（共産主義青年団＝共青団派）の優秀な官僚も排除し、共青団そのものについても「歴史的役割が終わった」といって潰そうとしています。

今の形の共青団は胡耀邦が作ったのですが、これは中国共産党に優秀な若手政治家を補充するための育成機関であり、毛沢東が迫害した知識階層を中国共産党政治のなかで生かすシステムであり、毛沢東的皇帝政治ではなく、鄧小平の望んだ小粒な秀才が集団で政治を行う官僚政治的集団指導体制を維持するシステムです。だから共青団派には鄧小平路線、胡耀邦路線を信望する改革派、開明派政治家が多いのです。

習近平政権の反腐敗キャンペーン

毛沢東ばりの対外強硬路線

　また習近平の外交政策は毛沢東的対外強硬路線に近くなりました。鄧小平は「外国に学べ」とスローガンをうち、改革開放経済を進めた国際強調路線を打ち出してきました。これを「韜光養晦（とうこうようかい）」、つまり、いつか大国として復活しようという野心を隠して、実力が不足している時代は、国際社会のスタンダードに自ら沿う姿勢をアピールし、外国から吸収できることはできるだけ吸収していく戦略でした。

　この結果、米国や日本の資本や技術を呼び込んで中国の高度経済成長時代を実現し、WTO（世界貿易機関）にも加盟し、世界の工場として安価な労働力を使った低廉な中国製品によって世界市場を圧倒することができました。また豊かになってきた中国巨大市場は、世界から新たな消費市場のフロンティアとして垂涎（すいぜん）の的となりました。江沢民、胡錦濤政権の外交路線もこれを受け継ぐ形で多極外交が基本でした。

　ですが、習近平は、こうした野心を隠して「学ぶ姿勢」「国際スタンダードに寄っていく姿勢」の鄧小平的多極外交から、「中華民族の偉大なる復興」という野心を高らかに掲げ、世界が中国のスタンダードや秩序に合わせていくべきだという、中華思想的な大国外交路

南シナ海の領有権を他国と争う島嶼（とうしょ）を実行支配

線に切り替えていきます。

米国に対しても、いずれ中国が米国と並ぶ大国になるのでそのように扱えとばかりに「米中新型大国関係」を提案しました。南シナ海の領有権を他国と争う岩礁島（がんしょうとう）を実効支配していき、国際法廷（常設仲裁裁判所）で違法行為だという判決が出ても、「そんなものは紙切れだ」と完全に無視しました。

これはちょうど米国のオバマ政権がレームダックを迎え始め、EUの矛盾やほころびも顕在化してきたのに比して、中国は五輪（2008年の北京オリンピック）を経験し、リーマンショックを切り抜け、国際社会で評価が高まってきたので、国家として自信を持ってきたということも関係しているのでしょう。

ですが、中国をグローバル経済の牽引国と認め、責任ある大国に成長すると期待していた国際社会は西側の普遍的価値（民主、法治、憲政、基本的人権など）を完全否定して、中華秩序、中華的価値を受け入れよ、という中国の主張を受け入れるはずがありません。

習近平はコンプレックスが強く小心者ですが、ものすごく自信過剰で傲岸不遜なところがあります。文革期に思春期を過ごし、ろくに勉強もせず、毛沢東の政治のやり方、権力闘争のやり方を脳裏に刻み付けていることから〝文革脳〟と呼ばれています。若い時代に海外留学経験もない彼は、国際情勢や国内情勢を読み違えたのだと私は思います。

結果として、あれほど親中的であったオバマ政権を怒らせることになります。米国はアジア太平洋リバランス政策をとって対中強硬姿勢に転じてきました。改革開放以来ずっと中国に対して一衣帯水（いちいたいすい）の隣国として支援し、天安門事件後の国際的経済制裁のときにもいち早く中国との関係を正常化させた日本とも厳しい対立関係に入りました。

これまでの中国は、米国とちょっと関係が悪くなると日本と関係を良くするようにし、日本に対して強硬になるときには米国との関係を融和的にするというふうに、バランスをとってきました。そうすることで日米両国とも経済関係は良好に維持するという合理的な判断に基づく多極外交を行ってきたのですが、習近平体制になってからの中国は周辺諸国すべてに対して傲岸不遜で、攻撃的な姿勢になりました。

この延長線として、米国にトランプ政権が誕生し、米中冷戦構造に向けた西側世界の対中包囲網が開始されることになったのです。

クーデター未遂に脅えて大粛清

鄧小平が作り上げた中国共産党の集団指導体制（指導者が動乱を利用して血生臭い権力闘争をせずとも安定的に中国共産党指導者の更新ができるシステム）を破壊し、毛沢東のような独裁者になりたがっている危険な指導者、それが習近平であると、中国共産党内の右派も左派も気づき始めました。鄧小平路線や胡耀邦の信望者たち、つまり改革派、自由派、民主派の党内知識人は習近平を嫌い、彼のやり方はまずいと考えます。鄧小平システムが破壊されるということは、再び、動乱を利用した文化大革命や天安門事件のような血生臭い権力闘争が起こるかもしれません。

新左派、保守派も、習近平を危険視するようになりました。習近平はあたかも毛沢東のようになろうとしているけれど、毛沢東信者からすれば、習近平に毛沢東の後継を名乗るようなカリスマ性はひとかけらもありません。また中国共産党の規約にある個人崇拝の禁止を堂々と侵す習近平に社会主義国家指導者としての資質を疑う人も多いのです。

習近平の経済路線は、中国共産党の支配強化で反資本主義路線のようにみえて、実は国家資本主義、帝国主義なので、西側帝国主義と戦ってきたことを誇りに思う真面目な社会主義者からするとこの政策は許せない。そういう党内の空気がありますから、一部でなんとか習近平を権力の座から引きずり下ろせないか、と願う空気が体制内にも醸し出されてきました。そこで「クーデターが起きる」「政変が起きる」という噂が絶えず流れるようになったのです。

薄熙来

実際、クーデター未遂というのは何度かあったといわれています。

まず、2012年春に起きた重慶市の書記の薄熙来の失脚事件、通称「薄熙来事件」の背後には、薄熙来のクーデター計画がありました。そのころは、厳密にいえばまだ胡錦濤政権でしたが、習近平が総書記、国家主席になることは決定していました。

薄熙来は重慶市で〝打黒唱紅〟と呼ばれる大衆運動を起こし、巧妙なマスコミ操作で「優秀な地方指導者・薄熙来」アピールに成功していました。彼は自分より出来の悪い凡庸な習近平が国家指導者になれるのであれば、自分がなってもおかしくないと考えていたようで、公安警察権力のトップにいた当時、政治局常務委員で序列9位の周永康と通じて、時が満ちれば成都軍区や雲南軍区の軍事力を動かして、2017年までに習近平に自ら総書記退任を迫って権力の座を奪うつもりでいたといいます。その陰謀は周到に進められていたのですが、薄熙来の側近の重慶市公安局長の王立軍（おうりつぐん）が薄熙来と仲違いして、成都の米国領事館に逃げ込んだことから、中央政府の知るところとなってしまったのです。これに驚いた時の胡錦濤政権は習近平と協力して、薄熙来を失脚させました。

薄熙来の失脚が確定したあと、周永康は一か八かのクーデターを起こそうとしたといわれています。それが2012年3月19日に起きた「3・19事件」だといわれていますが、この事件の真相はいまだ謎に包まれています。とにかくその夜、公安大楼周辺では大量の武装警察や軍の装甲車などが目撃され、発砲音を聞いたという証言が飛び交い、何かが起きたと推測されていますが、詳細はいまだわかっていません。

習近平は２０１２年秋、無事に政権を受け継いだのですが、その後は、他人が信じられなくなりました。クーデター未遂を起こしたといわれる周永康は江沢民や曾慶紅の人脈に連なる上海閥の重鎮です。自分を総書記に押し上げたのは江沢民や曾慶紅なのに、その子分が自分を失脚させようとしていたわけです。一部の軍隊や公安、党の要人警護を担当する中央警衛局のメンバーもクーデター未遂事件に関係していたという説もあるのです。

なので習近平は権力を持った途端、自分より力を持っている人間や怪しいと思われる人間、能力のある人間、自分に苦言や意見を言う人間を次々と失脚させていくわけです。

元政治局常務委員という鄧小平システムでは暗黙の不逮捕特権があったはずの周永康、中央軍事員会制服組のトップを務めた軍長老の徐才厚、郭伯雄（かくはくゆう）、胡錦濤の側近の令計画……。こうした大物の〝虎〟を退治すると同時に、〝ハエ〟と呼ばれる大量の地方官僚政治家も汚職や規律違反で次々と失脚させていきます。一期目の５年で約１５３人の官僚が処分されました。これは改革開放以来の大党内粛清といっても過言ではないと思います。

これだけの人間を粛正すると相当の恨みを買うことになります。権力のトップについている間はまだいいとして、権力を失うと仕返しをされてしまいます。なので習近平は毛沢東のように自分が死ぬまで権力を掌握する方法をいろいろ考えだしました。

それで2017年秋の第19期党大会で党規約を変えて、自分が毛沢東に匹敵する指導者であることを主張するために、「習近平新時代の中国の特色ある社会主義思想」を指導思想として書き入れたりもしました。また2018年春の全人代では憲法改正を強引に行い、連続二期を越えてはいけないと規定されていた国家主席任期を撤廃し、自分自身が永続的に権力の座を維持できるような道を模索し始めました。

ここまでくると、党内のほとんどの人間が反感を持つようになります。習近平の政策は外交も経済もことごとくうまくいっていません。しかも恥ずかしいほどの個人崇拝路線を打っています。

習近平が文革時代に下放されていた陝西北部の村・梁家河（りょうかが）は〝聖地〟とされ、〝梁家河大学問〟という習近平の下放経験に学ぶキャンペーンが打たれ、下放中の習近平を主人公にしたドキュメンタリーラジオドラマ（連続12回）などというのも放送されました。習近平礼賛ソングや習近平アニメなどがネット動画に流され、若者の間で習近平ブームを作ろうという宣伝工作もされました。2019年に入ってからは、習近平の思想を学ぶスマートフォン用アプリ「学習強国」がリリースされ、全党員にダウンロードが強制されています。

このまま習近平路線、つまり〝改毛超鄧〟の反改革開放路線、国家資本主義路線のまま進んでいいのか、国際社会との対抗路線でいいのか、党規約に堂々と反するような個人崇拝路線をそのままにしてよいのか……２０１８年夏ごろから党中央や長老の間でも異論を唱える人が増えてきました。

たとえば清華大学法学院の許章潤（きょしょうじゅん）教授は２０１８年7月24日、北京のシンクタンクのサイト上で習近平の憲法改正に伴う国家主席任期撤廃について「改革開放の成果を台なしにして、恐怖の毛沢東時代に中国を引き戻し、滑稽な指導者個人崇拝をもたらす」と習近平を批判し、個人崇拝をやめ、国家主席任期を回復し、天安門事件を再評価するように求めました。２０１９年4月現在、彼はこの発言で、清華大学から停職処分を受けています。

陝西北部の村・梁家河を視察する習近平 ©アフロ

鄧小平の息子の鄧樸方（とうぼくほう）は２０１８年9月16日、中国身体障碍者連合会の会合の演説で、「我々はリアリストでなければならず、頭脳を冷静に保ち、自分の立ち位置を知るべきだ。うぬぼれすぎるのも、卑下しすぎるのもいけない」と語りましたが、文脈からいってこれは習近平を非難しているものだととらえられています。その証拠にこの演説内容はネットで数多く転載されたのですが、すぐさま削除されました。

胡耀邦の息子の胡徳平は1月16日の会合で、「中国の指導者は旧ソ連の崩壊から教訓を汲み取らねばならない。旧ソ連の致命的な過ちは権力を高度に集中しすぎた政治体制だ。すべての社会主義国家がそうする必要はない。もう一つの過ちは孤立化した経済構造だ。同じように社会主義国家のすべてが必ず計画経済を実行せねばならないわけでもない」と語り、今の習近平の権力集中や民営経済に対する過剰な干渉、圧力を批判しました。

「第一章」でも触れたように、体制内のエコノミストやアナリストたちの少なからずの人が「習近平の経済政策はおかしい」と発言し始めたのです。

こうした体制内の習近平批判の声がどんどん漏れてくる背景には、〝習近平おろし〟〝宮廷クーデター〟の噂があります。

習近平おろしの空気〝宮廷クーデター？〟

〝習近平おろし〟の空気が急に高まったのは、2018年8月の北戴河会議（中国共産党の現役幹部、長老が避暑地の北戴河に集まって行う非公式会議。秋の中央委員総会に向けた地ならしといわれる）の前あたりの7月初旬ごろです。

このころ不穏な事件が立て続けに起きました。まず中国最大の民間航空コングロマリット・海南航空集団（ＨＮＡ）の会長、王健が旅先の南フランス・プロバンス地方の教会で、記念写真を撮ろうと高さ15メートルの壁によじ登り、転落死した事件がありました（7月3日）。

ＨＮＡは習近平自身やその右腕たる現国家副主席の王岐山（おうきざん）がらみの黒い噂（資金洗浄に関わっていたとか、彼の私生児が利権に関わっているとか）の絶えない企業でした。しかも、２０１７年末時点で負債総額が推計６０００億元にのぼり、事実上破綻しており、２０１８年2月には、中国当局が主だった国有銀行にＨＮＡ救済を指導し、政府主導のもとでの再建話が進んでいました。ＨＮＡは当時はドイツ銀行やヒルトン・ワールドワイドなど名だたる海外企業の筆頭株主で、その海外資産は１２０億元以上、国内外合わせた子会社は４５０社以上。のちに、それら海外資産は売りさばかれ、国家資産管理当局の管理下に置かれました。これは民営企業の国有化、国家の乗っ取り、などともいわれていました。

王健は習近平や王岐山の〝黒い噂〟の口封じか、国有化プロセスに邪魔であったか、そんな理由で謀殺されたのではないか、といわれています。

この事件の翌日の7月4日、29歳の不動産仲介業者勤務の女性が、早朝に上海の海航大廈（HNAビル）前で、「習近平独裁専制の暴政を暴く！」と言いながら、近くにある習近平の宣伝ポスターに墨汁をかけるパフォーマンスを行いました。

この様子はスマートフォンで録画されて彼女のツイッターアカウントにアップされ、瞬く間に世界中に拡散されました。彼女はすぐに公安当局に身柄を拘束されましたが、彼女の行動に続けとばかりに習近平のポスターに墨汁をかける行為が中国人や在外華僑の間で連鎖的に起こり、一時〝墨汁革命〟といった言葉がはやりました。

それから2日後の7月6日、米国が340億ドル相当の中国製品に対し追加関税措置を発動し、中国も同規模の報復関税を発動して米中貿易戦争が本格化しました。

この直後に、習近平のポスターや標語の撤去命令や習近平個人崇拝キャンペーンの一環としてたきつけられた〝梁家河学（習近平の下放時代の研究プロジェクト）〟の停止命令など、習近平宣伝にブレーキがかけられ、「新華社」が「華国鋒（毛沢東後継者として独裁を引きつごうとした）は罪を認めた」という過去のコラムを、思い出したようにネットに挙げるなど、中央メディアでは不可解な現象が起きました。

王滬寧 ©ロイター/アフロ

劉暁波の追悼デモ

ちょうどそのころ、習近平のブレーンであった王滬寧（政治局常務委員）の動静が不明になっていました。7月4日の中央組織工作会議、6日の中央全面深化改革委員会第三回会議には出席したようですが、報道はされず、一部では、4日の会議以前と以後で、王滬寧の党中央における立場が激変した、という噂が流れました。

また、王滬寧ほどの重要な立場ではないのですが、習近平のブレーンを自称していた当時の清華大学国情研究センター長の胡鞍鋼教授への大バッシングが始まりました。彼は「中国の実力は米国を超えている」「米国との貿易戦争で勝つのは中国」といった「全面超米論」を展開し、習近平の強硬な対米外交方針を支持していました。

続いて李克強首相がドイツでアンゲラ・メルケル首相と会談した直後の7月10日、ノーベル平和賞受賞者・劉暁波（故人）の妻で、中国当局

朱鎔基

温家宝

に長年軟禁された劉霞がドイツに到着しました。習近平は劉霞の出国には最後まで反対していたそうですが、李克強の主導により劉霞の出国が認められたと聞いています。

こうした一連の動きから、7月の上旬（4～6日あたり）に党内で何か異変があったのではないか、という憶測が流れました。

あとでわかったことですが、このころ江沢民、胡錦濤、朱鎔基、温家宝ら長老たちが連名で党中央に経済、外交政策の見直しを求め、個人崇拝の行き過ぎを改めるように要請する書簡を出したということです。要するに習近平へのダメ出しです。習近平の対米政策や個人崇拝キャンペーンのシナリオを書いたのは、王滬寧だったので、彼がまず責任の矢面に立たされていました。だから動静が不明になっていたのです。

長老たちは「政治局拡大会議を招集してこの問題を話し合うべきだ」とも主張したよう

です。こういう行動に出たのは〝宮廷クーデター〟を狙った、といわれています。

というのも政治局拡大会議は、政治局委員の25名と影響力を持つ長老連たちや閣僚級の幹部らせいぜい50〜70人の規模で開かれるので、根回しがやりやすく、みんなで一斉に習近平を批判して、辞任や失脚に追い込めることもあるのです。もちろん中央委員会総会でもこうしたクーデターは起こりえますが、中央委員は200人以上いますから、根回しするのはちょっと大変です。

胡耀邦は1987年1月16日の政治局拡大会議で総書記を辞任させられていますし、毛沢東から後継指名をうけて党主席となった華国鋒は1978年12月の第11期三中全会（三回目の中央委員会総会）で、鄧小平が主導した批判の集中砲火にあい、実権を失いました。習近平も党中央委員全員から批判されれば、実権や影響力を失うことになるでしょう。

結果からいえば、習近平は北戴河会議をなんとかしのいだようです。その代わり、個人崇拝路線を控えること、経済を改革開放路線に戻すこと、政治運営を集団指導体制に戻すことなどの面で妥協する姿勢を見せたとか。

宮廷クーデターを起こすとなると長老側もリスクを負いますし、習近平が一期かけて行った反腐敗キャンペーンを建前とした粛清のせいで、党中央にも優秀で気骨のある官僚や政治家はほとんどパージされ尽くされているので、実際に行動を起こすパワーが足りていなかったともいわれています。

でも、習近平の妥協姿勢は口先だけだという見方もあります。一応、経済の主導権を李克強首相にあずけている様子もみて取れるのですが、期待されていた改革開放路線回帰の打ち出しは不発に終わりました。

改革開放40周年記念行事での演説する習近平（12月18日）©アフロ

習近平が2018年10月22～25日に南方（香港・マカオ・広東）を二期目に入って初めて訪問したとき、多くの知識人、メディアはこの南方の地で〝新南巡講話〟ともいうべき、改革開放路線回帰の重要演説をするものと思っていました。ですが習近平はなにも語りませんでした。

改革開放40周年記念行事での重要演説（12月18日）も、重要演説と前振りで盛り上げておきながら、その中身はスカスカなものでした。改革開放路線を継続すると言っておきながら、「改革できること、改革すべきことは改革するが、改革できないこと、改革すべきでないことは改革しない」という言い方をしたので、多くの人はこれを「改革しない」というメッセージとして受け取りました。

こうなってくると、いったんおさまりかけた〝習近平おろし〟ムードが再び盛り上がってきます。

本来であれば２０１８年秋に開かれるはずの四中全会（中央委員会総会）をついに開催せずに春の全人代（全国人民代表大会）を迎えました。中央委員会総会を開催すると、その会議で習近平に対する批判の集中砲火が起きてしまいかねず、実権が、１９７９年の華国鋒のように失われてしまう、と恐れているからだといわれています。

習近平としては、経済指標は最悪で、米中貿易戦争の行方も定まらないので、批判されたときに自分を擁護する材料がないのです。せめて米中貿易戦争でトランプに大いに譲歩させる形で決着がついた、というような成果でもない限り、怖くて中央委員総会など開けませんでした。

中央委員会総会をスキップして全人代を開いたのは異常なことです。中国の政治は、秋の党中央委員会総会で話し合われ、そこで可決したことが、翌年の全人代で再承認されて実際の政策に移されるという流れになっています。それを崩すと、中国の政治システムは秩序もルールもない、ということになってしまいます。つまり、すでに中国共産党政治のシステムは崩壊しかかっているということです。

軍事クーデターの可能性も

習近平が恐れているのは〝宮廷クーデター〟だけでなく軍事クーデターもあります。そちらの方が可能性が高いともいわれています。確かに軍が関与しているクーデター未遂といわれるものが何度か噂になっています。薄熙来・周永康の画策していた政変も軍事政変の色合いがありますし、2014年3月1日、徐才厚の失脚直前に瀋陽軍区で、徐の腹心の部下が800人の兵士とともにクーデターを起こし、失敗したともいわれています。最近では元参謀長の房峰輝（ぼうほうき）を中心とした軍事政変未遂の噂がまことしやかに流れています。

2019年2月20日、元中央軍事委員会聯合参謀部参謀長の房峰輝が軍事法院から収賄罪で無期懲役判決を受けました。胡錦濤政権時代は総参謀部長、つまり制服組における実戦の最高作戦指揮をとる実力者でした。ところが習近平政権になると、軍制改革によって総参謀部を含む四大総部が解体され、参謀長は、軍事委傘下の一部所長に格下げになり、作戦の総指揮権限は中央軍事委の書記である習近平が握るようになりました。それでも参謀長として習近平の訪米にお供するなど、以前と変わらずに仕えていたようにみえました。ですが２０１７年８月に突然、双規（中国共産党高級幹部に対する党による取り調べ）で拘束されます。同時期に元政治工作部主任の張陽も拘束されました。胡錦濤政権時代は四大総部の一つである総政治部主任でしたが、やはり習近平の軍制改革で職位が格下げになりました。二人とも〝胡錦濤の愛将〟と呼ばれ、共青団派軍首脳でもありました。逮捕された表向きの理由は汚職でしたが、そのときから、これはクーデター未遂ではないかといわれていました。

房峰輝

ちょうど２０１７年６月ころ、中印国境で久々に軍事的緊張が高まりました。解放軍がブータンとの係争地のドグラム高原に侵入し道路建設を始めたので、ブータンがインド軍に防衛を求めたことから国境で両軍がにらみ合い、いつ紛争が起きてもおかしくないという状況が8月28日まで続きました。

この中印国境の緊張は、習近平がインドを上海協力機構の正式加盟国に迎えようとしているタイミングで、秋に

中国のドグラム高原侵入に抗議する人々
©AP/アフロ

インドのナレンドラ・モディ首相が中国アモイで開催されるBRICs（ブリックス）首脳会議に訪れる直前の出来事でした。秋の党大会を控えて、こうした習近平の威信をかけた国際イベントにミソをつけるような軍事行動を習近平が指示するだろうか、と当時から不思議に思われていました。

その後、次のような噂が流れ出しました。

このときの中印国境緊張は「房峰輝が張陽と結託して企てたのだ」と。中印国境で予期せぬ紛争が起きたどさくさに乗じて、彼らは1976年の〝四人組逮捕〟の手法で習近平の身柄を拘束し、クーデターを起こそうとしていたというのです。〝四人組逮捕〟とは文革を主導した江青、張春橋（ちょうしゅんきょう）、姚文元（ようぶんげん）、王洪文（おうこうぶん）の4人を、葉剣英（ようけんえい）ら軍長老らが主導で組織した反文革連合による電撃逮捕のことで、軍と党内反文革派による〝非典型〟クーデターとされています。

この企ては未遂となり、2人は身柄を拘束されました。張陽は同年11月23日、拘置所内で自殺しています。

もちろん、これは噂にすぎず、そんな事実はないと主張する意見も多々あります。ですが、習近平は軍をあまり信じていないので軍がクーデターをやりかねないと警戒していることは、事実だと思います。習近平が権力のトップの座についてからの解放軍への仕打ちを振り返れば、そう考えざるをえないのです。

2015年には解放軍の長老、徐才厚、郭伯雄を逮捕しました。徐才厚は元総政治部主任で、習近平の妻、彭麗媛の直接の上司でもあった人物です。彭麗媛が主催するホームパーティでは必ず一番上座に座り、習近平も出世する前は、父親に対するような態度で仕えていたそうです。

江青

郭伯雄（右）

そういう相手であっても容赦なく失脚させていきました。徐才厚が逮捕されたのは末期がんで闘病中の病床でした。彼は起訴される前の2015年3月に死亡しています。

郭伯雄は2015年に逮捕され2016年7月に無期懲役の判決を受けて服役中。汚職が表向きの罪状ですが、習近平は二人が軍に影響力をもっていては、自分が軍権を掌握できないと考えたのでパージしたのだとみられています。

そうして粛清を始めると、どんどん粛清しなければならない人間が出てくるわけです。なぜなら軍のような結束力の高い組織は、一人を粛正するとその下に何十人もの派閥やシンパが存在します。彼らも粛清しないと仕返しされてしまうのです。そうして気がつけば習近平政権の最初の任期の5年だけで、184人の軍幹部が汚職で取り調べを受けて起訴され、判決を受けました。そのうち少将以上は78人にのぼります。

粛清されたあとの重要ポストに誰がなるか、というと習近平にゴマをする軍人が上がってきます。たとえば海軍政治委員に急出世したのち政治工作部主任となった苗華（びょうか）上将はずっと陸軍にいたのですが2014年に突然海軍上将になり、2017年秋に政治工作部主任になりました。陸軍軍人が海軍上将になるなど、他の国ではありえないことです。つまり実績がなくとも、習近平個人のお友達人事だからこうなるのです。

こういうことを続けていると解放軍の軍人たちは、表面上は習近平礼賛を合唱していても、心のなかでは馬鹿にしてしまいます。そもそも習近平は戦争実践経験がゼロで、2015年9月3日の抗日戦争・世界反ファシズム戦争勝利70周年記念の大軍事パレードでは左手で敬礼してしまうような人物なので、革命戦争を経験した毛沢東や鄧小平のように軍人から心からの敬意を受けることは土台無理な話でした。

江沢民も胡錦濤も戦争未経験者で、軍人からの敬意というのはなかなか受けられてはいなかったと思いますが、江沢民政権は軍人たちに経済利権を与え、腐敗する自由を与えましたから、解放軍は江沢民政権に対しては比較的協力的でした。

習近平は〝戦争ができる、戦争に勝てる一流の軍隊〟を作る、という建前で、江沢民が軍人たちに与えた経済的利権を取り上げました。軍制を陸軍中心の七大軍区制から、陸海空を統合した作戦を想定した五大戦区制に変えたのも、陸軍の利権を削ぐためです。軍の利権は主に陸軍と地方経済利権の癒着(ゆちゃく)を招く軍区制に支えられていた部分があるからです。

軍人たちからすれば、敬礼ひとつまともにできない習近平のような指導者が、偉そうにコマンダー・イン・チーフを名乗る、軍の利権は奪われる、粛清の恐怖は増大する、実績のない習近平の飼い犬軍人ばかりが出世するといった具合で、軍の不満は募るばかりなのです。

退役軍人デモ

もう一つ、軍の不満が増大する問題があります。退役軍人問題です。

中国に退役軍人は5700万人もいます。習近平政権になってさらに30万人の兵力リストラを宣言しました。彼らの待遇は大変悪く、待遇改善デモがこの数年頻発しています。

2011年に施行された退役兵士安置条例によれば、12年以上の兵役者には軍が就職口を手配してくれますが、12年未満の兵役者及び義務兵は自力で就職先を探さねばなりません。自主就業手当と呼ばれる一時退役年金は、1年の兵役に付きわずか4500元、10年服役してやっと4万5000元です。ほとんどの兵士は青春期の10年を軍に捧げているので、退役後に一般社会に適応するのは大変難しいのです。

習近平による軍制改革で軍内の利権が潰されてきましたから、兵士たちは、軍隊内にいる間に小銭を稼ぐことも、退役後に軍系企業の職を斡旋してもらう機会もなくなりましたから、不満も高まります。

退役軍人デモは2016年10月、北京の軍中枢機関が入る八一大楼というビルの前で発生した1万人規模のものが衝撃的で、海外メディアもこぞってこれを取り上げましたが、地方ではその前後から頻発しています。

２０１７年は少なくとも４件の退役軍人デモがメディアに取り上げられました。２０１８年もメディアで報じられただけで８件（四川省徳陽、江蘇省鎮江、湖南省長沙、河北省石家荘、山西省太原、内モンゴル自治区赤峰、山東省煙台、山東省平度）ありました。なかでも６月の江蘇省鎮江市の政府庁舎前で起きた退役軍人デモ、10月５日の山東省平度市で起きた退役軍人デモは武力鎮圧によって負傷者が出ました。

鎮江のデモは、一報のあった直後に私も現場に行ったのですが、そうとう大規模なデモだったようです。

６月19日から24日にかけて、全国22省から「微信」（中国ネットＳＮＳ）で呼び掛けられた退役軍人たちが続々と鎮江市の政府庁舎に向かい、少なくとも１万人は集まっていたといいます。彼らは迷彩服姿で市内を行進し、その様子を多くの市民がスマートフォンで撮影していました。当初はこの抗議活動を容認する形で、１万人の武装した警察が治安維持のための厳戒警備にあたっていましたが、偶然なのか一人の退役軍人と一人の警官が衝突し、退役軍人側が頭から血を流して倒れました。怒ったデモ隊が警官の非道を訴え、暴徒化しました。

そして、23日未明におよそ2万人の警官と武装警察が闇夜にまぎれて一気にデモ隊を鎮圧したそうです。目撃者によれば、一斉に街頭などの電力が切られ、漆黒の闇のなかで「殴られた！」などの叫び声が聞こえる騒乱の音以外は何があったかわからなかったといいます。血まみれの退役軍人を見かけたという人もおり、死者が出たという説もあります。

残念ながら私は短い滞在時間だったので負傷者を探しあてて真相を聞き質すことはできませんでした。２０００人以上が拘束され、中学校の校舎に押し込められ、トイレや食事も不自由させられた、という話もありました。

10月5日の平度市のデモは、「ボイス・オブ・アメリカ」が映像を入手していました。デモの規模は３００人前後でした。38人の退役軍人がバスに乗ってデモのために北京に行こうとしたところを、警察が暴力的に阻止したことから抗議デモが広がったようです。映像を見ると、催涙ガスが使われ、車両は破壊され、退役軍人たちも武装した警官に対してこん棒などで応酬していました。ＣＣＴＶ（中国中央電視台）など公式報道では「前科者が警察を襲って34人が負傷、10人逮捕」としていました。

こうした退役軍人デモは２０１９年からさらに警戒されています。というのも２０１９

年は中越戦争40周年の年だからです。

１９７９年2月17日、鄧小平が文革でガタガタになっていた軍を立て直し、軍権を掌握するには実際の戦争に勝つのが一番とばかり、ベトナムに攻め込みました。建前は中国が支援しているカンボジア・ポルポト政権を崩壊させたベトナムに対する〝懲罰戦争〟なのですが、中国としては戦争続きで疲弊しているベトナム軍なら戦争をやっても勝てると思って仕掛けたのですが、〝戦争慣れ〟していたベトナム軍は強く、解放軍は泥沼のゲリラ戦に引きずり込まれ、60万の兵士のうちの約1割にあたる兵士が死傷する事実上の負け戦となりました。ただし、中国国内ではこの〝敗北〟は隠され、勝利の戦争とされました。

このとき戦場で手足を失った帰還兵は、十分な保障もなく、ちょうど始まったばかりの改革開放の経済成長のなかで取り残されていきました。このときの打ち捨てられた退役軍人たちは今も屈辱の想いと生活苦に苦しんでいます。退役軍人デモの参加者にもこれらの兵士が多くいます。

なので、中国当局は中越戦争開戦記念日の2月17日前後に、退役軍人デモが大規模化することを恐れて、予防的に退役軍人たちを次々と拘束しました。2月中旬だけでも２００人ぐらいは別件逮捕されていたといわれています。

また、鎮江と平度の退役軍人デモの首謀者として19人が「社会秩序擾乱の罪」で起訴されることが2019年1月26日に発表されました。2017年までの退役軍人デモに関しては、習近平政権も退役軍人への待遇改善を約束したり、話し合いに応じていたのですが、2018年からは、デモは武力鎮圧し、参加者は犯罪者として裁くようになりました。

習近平は退役軍人デモが、解放軍内部に残っている徐才厚や郭伯雄の残党による差し金で、江沢民派や遼寧閥の煽動が背後にあると疑っているようです。あるいは公安警察内部に残る周永康の残党も協力しているのではないか、と疑っているともいわれています。

というのもこれだけの大量の退役軍人があちこちに移動して集まるには当然、高速鉄道をはじめ公的交通機関を利用しますし、退役軍人は身分証にその旨を明記されているのですからデモを準備する段階で普通は発覚するのです。公安警察がきちんと機能していれば、デモは未然に防げたはずです。

なのに退役軍人デモは起きる。それは背後に協力的な公安や軍の幹部が存在しており、彼らを監視する役割を担っている地元公安や軍部がわざと退役軍人デモが起きるのを容認しているか、あるいは煽っているからではないか、と疑っているのです。

ある政府筋は、「退役軍人が軍や党内のアンチ習近平派と結びつくこと、あるいは軍や党内のアンチ習近平派が退役軍人デモを利用することを、習近平は非常に恐れている」と指摘しています。

退役軍人は党と国家のために命をかけたことのある英雄です。中国共産党は「革命戦争の銃口」から生まれた党であり、解放軍あっての中国共産党です。軍と退役軍人が仮に、習近平の敵にまわることになれば、習近平の為政者としての正統性はまったくない、ということになるでしょう。

習近平政権は、2019年1月26日、中国退役軍人服務センターを正式に成立させ、建前は退役軍人の不満解消のために前向きに取り組む姿勢を示しています。ですが5700万人に対する福祉対策費用を今の逼迫(ひっぱく)した経済状態のなかでどこから捻出するのか。退役軍人問題はすでに火のついた導火線だといわれています。その導火線の先にあるのはクーデターなのかもしれません。

暗殺に脅える習近平

政変、クーデター以外に、最もありえそうなのは暗殺です。そんなゴルゴ13(サーティーン)みたいな世界が本当にあるのか、といえば中国では比較的普通にあります。鄧小平は7回暗殺未遂にあったそうです。胡錦涛は暗殺未遂に3度あいました。ですが習近平が暗殺未遂にあった数は、歴代指導者のなかでも最高クラスです。総書記になる前に2回。一期目の任期の5年間に10回。二期目に入ってからは2回あったようです。

一番最近の例では2018年10月22~25日の習近平の南方視察中にあったそうです。米国発の華字メディア・「博聞新聞網」がそのように報じていました。この南方視察で本来予定されていた活動がキャンセルされたり変更されたりし、ずいぶん早くに北京に戻ってきたのですが、その理由について、習近平誘拐・暗殺計画が直前に発覚し、急遽予定やルートを変える必要性が出たからだというのです。博聞新聞網はこれを中南海筋から聞いた話としています。

この南方視察の最大イベントは香港、マカオ、珠海をつなげる世界一の港珠澳(こうじゅおう)大橋の開通セレモニーでした。会場は本来、橋の上に設置される予定でしたが、これを急遽税関の建物のなかに変更しました。これは香港・マカオマフィアが習近平の暗殺を狙っていることが事前に察知されたからだというのです。

別の筋の話では、そういう暗殺計画が発覚したのではなく、臆病な習近平が急に暗殺が怖くなったために予定変更を言い出したとか。香港やマカオは一応、一国二制度で警察システムが違いますし、〝やばい仕事〟を金で引き受けるマフィアや殺し屋はごろごろいる（と習近平は思い込んでいる）ので、不安に駆られてしまったのかもしれません。香港マフィアはもともと江沢民・曾慶紅と関係が深いといわれていますし、習近平の南方視察直前にマカオ中聯弁主任の鄭暁松（ていぎょうしょう）が飛び降り自殺するという不可解な事件も起きていました。習近平が不安になるのもわかります。

２０１７年のクリスマスイブにも習近平は暗殺未遂にあったといわれています。習近平がイブの夜に突然腹痛になって北京の３０１軍事病院に運び込まれたという情報が流れました。病院に運び込まれたのは事実で、このときは神経性の下痢だったようで、治療を受けてすぐに帰ったそうです。

ですが習近平がなぜ急に下痢になったのか。このときにいくつか不可解な情報が流れました。

その日、人民大会堂の駐車場で車両が何者かに爆破されたそうです。その爆破された車は習近平の公用車から４００メートルの距離にあり、習近平が車を降りて人民大会堂に入ってからかなり時間がたってからの出来事だったそうです。ですがこの車両爆破事件の

2015年の天津浜海新区倉庫爆発事故

話を聞いて習近平は急に腹痛を訴えた。それは自分を狙った暗殺未遂だと思って怖くなったからだというのです。ちょっとありえない話にも聞こえますが、中国共産党事情に詳しい友人は、もしフェイクニュースであれば、もっと緻密な暗殺計画を流布するのではないか。ものすごく杜撰な暗殺計画だからこそ信憑性がある、と言っていました。

それからしばらくして中央軍事委員会副主席の范長龍が一時期拘束されていました。このクリスマスイブの暗殺未遂事件に関わっていると疑われて取り調べを受けているとみられていました。結局、范長龍は関わっていないと判断され、釈放されましたが、実行犯として軍人が処刑されたという話をあとで聞きました。こういう話はなかなかウラが取れませんので、どこまでが嘘でどこまでが事実なのかはわかりません。

２０１４年４月30日のウルムチ南駅での爆破テロ、２０１５年８月12日の天津大爆発の事件も習近平暗殺未遂だという人もいます。少なくとも習近平が暗殺を恐れていることは事実で、２０１３年の三中全会以降、習近平は私服の警護用特別警察官（ＳＰ）を12人から16人に増員し、公用車を高性能防弾、防爆仕様にし、公の場に出るときは防弾チョッキを必ず着用し、外遊に行くときには予備の専用機と私服特別警察を増員配置するようにしました。２０１８年に入ってからはＳＰ16人でも安心できないので22人に増やすようになったそうです。

２０１７年の香港返還20周年セレモニーに出席したときは、香港全警察の３分の１を自分の警備にあてるよう要請しました。２つのホテルを全室借り上げ、屋上にスナイパーを配置し、ヘリコプターで空中警戒を行い、防毒ガス・防弾の特注車両で移動するという警戒ぶりでした。

そのくらい警戒に警戒を重ねても、２０１９年の〝敏感な年〟は、おそらくはまだ安心できないのだろうと思います。私の友人のある在日中国人は、習近平は訪日のときが危ない、と物騒なことを言います。「世の中に習近平を暗殺したい中国人がいったいどれだけいることか。日本にもいるだろう。日本は安全に慣れ切った国だから、警備も中国国内より甘いんじゃないか」。

私も個人的には習近平が早々に中国の指導者を引退していただいた方が、中国の未来にとっては良いと思うのですが、かといって日本を巻き込んでほしくはありません。
日本は習近平訪日の際の警護はぜひとも気合を入れて行ってください。

香港返還 20周年セレモニーでの警備状況 ©AP/アフロ

動乱の予感

急激に進む監視システム

中国で記者として取材していた時代はいろいろと不自由なことがありました。

たとえば、軍事管制区に近づくと、見知らぬ人から携帯に電話がかかってきて「お前は今どこにいるんだ?」と詰問されたり、人権派弁護士と喫茶店で待ち合わせていると、斜め後ろにどこかで見たことある顔の、でもどこの誰かははっきりしないカップルが座っていて聞き耳を立てていたり。

あるいは友人と普通に電話していて「南京大虐殺記念館の展示物はみんな出鱈目(でたらめ)だよ」なんて話をしていると、突然電話回線がジャックされて「嘘を言うな!」と怒鳴られて、一方的に電話を切断されたこともありました。

中国では新聞記者というのは、しっかり盗聴され、監視されるのが当たり前でした。ですから、絶対に中国当局にばれたくない取材をするときには携帯電話を家に置いていき、公用車やタクシーや公共交通ではなく、知り合いの車や電話を借りるなど、いろいろ工夫したものでした。

ですが、最近は、新聞記者であっても尾行されたり、携帯電話がわざとらしく盗聴されたりもしないようです。その代わり、他人の電話を借りようとも、他人の車で移動しようとも、きっちりと当局に補足されていると聞きました。

ひと昔前は携帯電話のGPSで位置情報が補足され、盗聴もされていたのですが、最近は市内に張り巡らされている顔認証付きの監視カメラや、家電やIT機器に登録されている声紋情報ですぐさま本人の居場所がわかり、他人の携帯電話を借りても、国際電話でも盗聴ができるからだそうです。

10年ほど前に、大使館街や天安門広場などで特別警備が行われたときなどは、普通に路上で会話している内容すら盗聴できるシステムがあるのだと教えられたことがあります。ですが、当時、声紋情報などは外国の大使館員や重要商社の社員やテレビ・新聞記者などターゲットを絞った人物のものが集められていたそうです。

ところが今はほとんどの市民、中国に入国する在住者（普通の旅行者も含めて）のデータはとりあえずすべて集められるようになりました。インターネットユーザーは8億人（うちスマートフォンユーザー97％）、モバイル決済普及率98％時代が、これを可能にしたのです。

中国ではもともとインターネット統制は厳しいのですが、習近平政権になってより厳密に隙なくコントロールされるようになりました。携帯電話、インターネットのSNSアカウント登録の実名制が徹底され、ＳＮＳの発言などがネット検閲システムとサイバーポリスによって緻密に監視され、大量のネット水軍・五毛と呼ばれるオンラインコメンテーターの書き込みによる世論誘導が行われるようになりました。

キャッシュレス決済は、ネットや携帯電話の個人情報と銀行口座やカード情報を紐づけ、消費動向、趣味・興味の傾向、行動範囲や人間関係なども解析できるようになりました。

さらに街中に急激に増えるＡＩ付き監視カメラによる顔認証、スマートフォンや家電、オンラインバンクに使われる指紋認証、声紋認証の普及によって国民のほとんどの個人情報を生体情報も含めて気づかれないうちに集積できるシステムができつつあります。

そしてこうした膨大なデータを集積、提供できるビッグデータ基地の建設も急ピッチで進んでいるのです。２０２２年になれば、中国の街中の監視カメラは顔認識カメラも含め27億６０００万台になると推計されています（米ＩＴ専門調査会社ＩＤＣ推計）。

14億人民一人につき2台の監視カメラがあるというわけです。

そうしたデータは貴州省ほか京津冀（けいしんき）（北京、天津、河北）、珠江デルタ、上海、河南、重慶、遼寧省・瀋陽に展開されているビッグデータ産業基地で集積され、ビッグデータ市場を形成しつつあるのです。このビッグデータ市場は２０２０年に1兆元規模に成長するものとして、海外のＩＴ、ＡＩ、ＩｏＴ（Internet of Things）、フィンテック企業もビジネスチャンスを狙っているのですが、中国の場合、こうした膨大なデータは中国共産党及び政府、公安警察と共有され、人民管理・コントロールにも利用されています。

　こうしたデータ収集は外国人旅行者なども例外でないと思った方がいいでしょう。２０１７年、私も中国のパスポートコントロールで「マイクに向かって中国語で何か話せ」と言われましたが、あれは声紋をとっていたのだと思います。

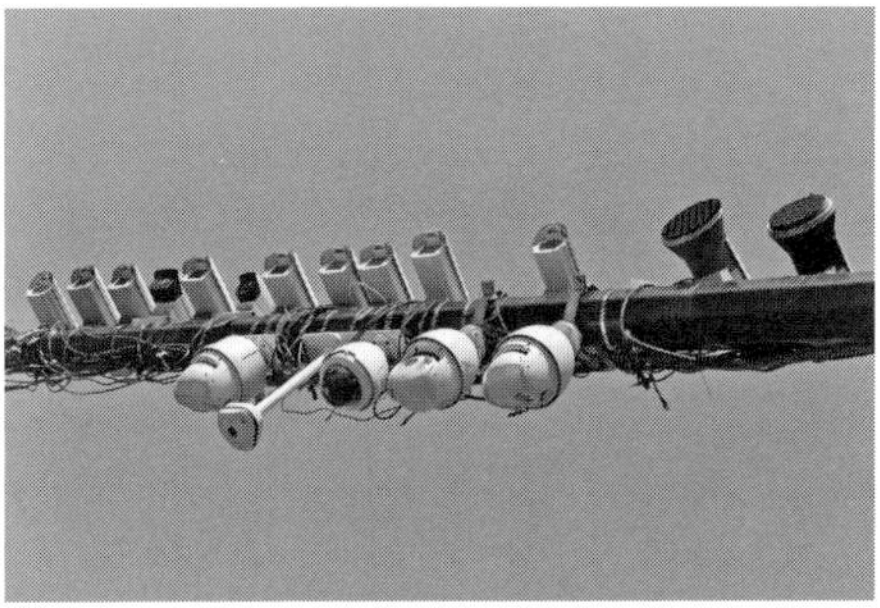

道路上の梁に何十もの監視カメラが設置されている（浙江省杭州市）©Imaginechina/アフロ

　私などは仕事柄、監視されることは覚悟の上ですが、普通の中国人たちは嫌ではないのでしょうか。

　友人たちに聞くと二通りの反応がありました。

　はっきりと「嫌だ、恐ろしい社会だ」と言う人たち。その理由を聞くと、たとえば、地方のガソリンスタンドの質が悪いため、車で遠出するときに余分なガソリンを購入したことがあったそうです。すると夜中に公安警察が家に来て、「何のためにガソリンをそんなにたくさん買うのか？」と尋問されたそうです。きちんと説明すれば問題はないのですが、自分がテロリストか犯罪者に疑われているような、とても不快な気分になったそうです。

一方で、こういう社会を肯定する人もいます。「中国はいまだかつてないほど治安が良くなったよ」と。置き引きやスリといった犯罪はなくなり、タクシーやレストランのテーブルにうっかり忘れてきたスマートフォンも返ってくるようになりました。

人や車の信号無視、ゴミやたばこのポイ捨てなどのマナー違反も急減して、快適で安全な都市になったと言います。

「中国人はマナーが悪いという評判が根付いているが、こういう監視システムのおかげで、みんなお行儀よくなった」と言います。

私は、後者の反応は中国人独特のものではないかな、と思うのです。中国人の人間観は、基本的に性悪説です。人類創生の神話というのはどこの国にもありますが、こうした神話はその国の国民性というか人間観を反映していると思います。

中国の人類創生神話は、女媧（じょか）という女神が泥人形を作るところから始まります。最初は丁寧に一体一体作っていたのが、途中から面倒くさくなって、縄を泥に浸して振り回し、飛び散った泥の滴（しずく）が人間となりました。なので、中華世界では丁寧に作られた優秀で徳の高い選ばれし人間（泥人形から作られた人間）と泥の滴に過ぎないレベルの低いどうでもいい人間と、生まれながらに差があるのです。

中国人がいまだ根強い血統論信望者であるのも、こうした神話以来の価値観があるからかもしれません。

人民は最凶の暴力装置

中国の指導者や官僚や知識人、つまり選ばれし優秀な人間は、中国の大衆は無知蒙昧（むちもうまい）で、きっちり支配し、導いてあげないと動乱が起きたりして、めちゃくちゃになってしまう、と考えています。大衆側も、臆病で怠惰なので、自分でものを考えたり決断したりするより、リーダーシップのある強い指導者に導いてもらう方が楽だと思っている人が少なくありません。どこかに独裁者待望論があるのです。

中国共産党支配を肯定する人たちは、この広大な中国は中国共産党でないと治めきれない、と言いますが、これも中国人の人間観に根付いた独裁者待望論かもしれません。こういう体質が蔣介石（しょうかいせき）や毛沢東を生んだともいえます。

ただ、歓迎される独裁者と歓迎されない独裁者がいます。歓迎される独裁者とは、自分たちに利益をもたらし、豊かさや明るい未来を約束してくれるような人物です。歓迎されない独裁者はその反対で、自分たちの利益を取り上げ、人々を飢えさせ、未来に不安しか感じさせず、恐怖や抑圧でしか人を従わせられない人物です。

後者のような為政者が登場したとき、大衆はとても臆病なので、最初は我慢して堪え忍ぶのですが、心の底で不満を募らせていきます。泥の滴から生まれたような大衆は、自分一人では考えて決断することは苦手ですが、臆病な分、強者の登場や、政治の風向きには敏感です。身を守るために政治の風向きを見ながら自分一人が迫害されないように大勢のなかに紛れる習性がありますし、誰が強者かを見分けることにも敏感です。

ですが、それは時に、集団ヒステリーのように全員が一斉に同じ方向を向いて走り出すような熱狂を生むのです。長らく圧政に堪えて心の底に不満や不安を蓄積していた人民が、なにか政治の風向きに異変を感じたとき、あるいは新たな強者を見出したとき、一斉に一つの方向に走り出す。「文革」の熱狂など、日本人には到底理解できないと思いますが、中国でしばらく生活して中国社会やその気質を理解してくると、「なるほど、この国では文革のようなことが今でも起こりうる土壌があるのだな」と気づくはずです。

私は1998年の反米デモや2005年の反日デモを、現場で、学生や大衆のど真ん中で見てきましたが、昨日まで米国に留学したいと言っていた学生が米領事館前でシュプレヒコールを叫び、アニメや漫画が好きで日本語を話すような学生までが「造反有理」と叫びながらデモに参加していました。

その熱気・狂気が一段落したときに、反日デモに参加した日本アニメ好きの学生に、「日本が好きだと言っていたくせに、なぜデモに参加したの?」と問い質すと、「空気に呑まれてしまって……」と気恥ずかしそうに言いわけしていました。鬱憤や不満が心にたまっているとき、「こっちの方向にはけ口があるぞ」と号令をかけられると、泥の滴から生まれたような大衆は、その方向性が正しいのかどうかを自分で判断するよりも先に、熱気に伝染するように「造反有理」とばかりにワーッと暴れてしまうところがあるようです。

なので、この国の為政者は権力闘争で政敵をやっつけるときは、大衆運動や政治キャンペーンを打って、まず世論を扇動しようとします。また、メディアを使って、今、誰が強者かをアピールします。文化大革命も天安門事件も背後に権力闘争があり、権力者側による世論誘導・扇動がありました。

薄熙来による「打黒唱紅」も、習近平から権力の座を奪うつもりで起こした大衆キャンペーンでした。中国では大衆を支配するのに2本の竿が必要だと言います。それは銃竿子（銃＝軍事力、暴力）と筆竿子（ペン＝メディア、宣伝）です。この2本で大衆心理をコントロールし管理すること、これが独裁の基本なのです。

逆に言えば、この2本のどちらかでも失い、大衆心理をコントロールできなくなった途端、大衆は方向性を見失い、集団ヒステリーを起こして「乱」を起こす。中国の歴史で王朝の交代というのは、たいてい農民、大衆の反乱から起きました。ですから中国の為政者が最も神経を使うのは大衆の管理とコントロールなのです。

中国人は泥の滴のように無知蒙昧で、臆病で、怠惰でコントロールしやすく、独裁には好都合な大衆ですが、圧政にいじめられ、恨みや不満をため込んだ大衆へのコントロール力を失うと何が起こるかわからない「乱」となるのです。中国で「人民が最大の暴力装置」といわれるゆえんです。

習近平のネット世論誘導

文革時代と最も多感な思春期が重なった習近平は、この大衆・人民の怖さは身に染みてよく理解しているのだと思います。そして毛沢東の人民コントロール、世論コントロールの手腕も目の当たりにしています。習近平ほど人民監視・コントロールに力を入れた為政者はいないですし、そしてそれを助けるテクノロジーも発展してきました。中国でＡＩやＩＴが発展した最大の理由は、「人民をコントロールせねばならない」という切実な事情があったからではないか、と思います。

習近平は権力の座に就いた途端、まず、大衆路線を打ち出します。自分が人民、大衆サイドの人間であることをアピールしました。

たとえば２０１３年12月28日、北京の行列のできる肉まん屋・慶豊包子舗に、部下も従えずに並び、庶民と同じように質素な食事を好む様子を「新華社」などが報じたり、昔から地方視察にはマイスリッパ、マイ枕を持ち込み、部下が高級ホテルのスイートルームを予約すれば、わざわざ安い部屋に替えさせていたというエピソードをこれも「新華社」に流させて、「質素倹約の人」というイメージ作りをしました。総書記になってからの最初の地方視察（広東）では、部屋はシングルルーム、食事はバイキングでみんなと一緒のものを食べたと、わざわざ報じさせています。

本当は紅二代のプリンスであり、ものすごく貴族意識の高い血統論者で、人民を恐れてもいる。のちにメディア関係者から聞いたのですが、「行列のできる肉まん屋」のニュースは全部やらせだそうです。暗殺を極度に恐れている習近平は、とても本物の大衆のなかに単身で入り込む勇気はなく、店の客は全員〝サクラ〟で、私服警官ばかりだったとか。

次に反腐敗キャンペーンによって、金持ち官僚や金持ち人気俳優や金持ちビジネスマンを成敗してみせます。

中国の泥の滴から生まれたような大衆は臆病で怠惰で嫉妬心が強い。自分が貧しいのは、自分の努力や才能が足りないのではなく、この不条理な社会を作る誰かが悪いと考えます。このとき、中国共産党中央政権が悪いと思っていても、身を守るためには、「一番の強者は誰か」ということにも敏感なのです。彼らは、一番の強者ではない、中間の強者である官僚や金持ちビジネスマンがやっつけられることに快感と安心を覚えるのです。

偉そうにしていた官僚がテレビカメラに向かって涙ながらに反省し、視聴者に許しを請い、党中央の裁きに従う姿は、貧しい境遇で現状の暮らしに漠然と不満を持つ大衆にとっては格好のうっぷん晴らしになりました。同時にこれは「一番強いのは習近平である」という宣伝にもなりました。ちなみに、このプロセスに司法は関係ありません。司法よりも重要なのは、「彼らをやっつけ、裁きをつけているのは、党の核心にして最強の権力者・

習近平である」というアピールなのです。

またインターネット統制を強化し、世論誘導のツールに使いました。インターネット統制は90年代の後半から実用化が進んでいる金盾（きんじゅん）工程と呼ばれるファイアーウォールと検閲のシステムによって、中国共産党にとって都合の悪い情報へのアクセス、外国のYouTubeやツイッターといったサイトへの接続を制限してきました。「五毛」と呼ばれる金で雇ったオンラインコメンテーター、こうしたオンラインコメンテーターを集団化したネット水軍の書き込みと、中国共産党に都合の悪い書き込みの削除によって世論誘導を行うこともしてきました。

習近平政権になってからはこの方向性がさらにパワーアップされました。サイバーセキュリティ法（２０１７年６月）を導入し、従来あったこうした方向性に法的根拠を与え、徹底させるようになりました。

完全実名登録制度を完成させ、外国企業も含めた中国市場のネット関連企業は、中国の安全を脅かす匿名ネットユーザーへのサービス提供を禁止することが義務付けられました。企業は、当局の言うことを聞かないと、違反が疑われ、当局によるサーバー内への即日立ち入り調査が可能になりました。ネット上の中国共産党や習近平の悪口の取り締りも一層厳しくなりました。習近平のことを「肉まん」とネットに書き込みした男性は「指導者の名誉を傷つけ、社会を混乱させた」として懲役2年の実刑判決を受けました（2017年10月）。

これはサイバーテロや個人情報漏洩を防ぐための妥当な法律と中国では説明されていますが、国際社会からみればネットの自由を阻害する悪法でしょう。

ですが中国はサイバーにも主権があるとし、国境がないという建前のインターネット、サイバーの世界で、この法をもって、はっきりとサイバー主権確立を表明しました。

世界最大のサイバー市場を誇る中国は、自国サイバー内では誰であろうと中国共産党の支配ルールに従うことを義務付けました。外国企業は、中国のサイバー内でビジネスチャンスを得るためには、中国のサイバールールに従い、時に言論の自由弾圧に加担することも求められるようになりました。

習近平自身は、パソコンのキーボードのキー配置すら知らないようなパソコン音痴、ネット音痴だそうですが、習近平の娘のハーバード大学帰りの習明沢はインターネットに詳しく、習近平の若者向けネットプロパガンダにおける指導的役割を果たしました。

習近平政権になって急に〝ネット紅衛兵〟などと呼ばれる愛国的ネットユーザーが存在感を増したのは習明沢の功績ともいわれています。

中国SNSの微信で「学習小組」という公式アカウントを通じて若者への世論誘導を行い、フラッシュアニメなど動画を使った習近平人気者イメージ戦略などは彼女のアイデアだといわれています。

このネットによる世論誘導はかなり成功したとみられています。ですが、いくらネット上で情報統制を行い世論誘導に力を入れても、現実社会で人々の暮らしのうっぷんがたまっていては、その世論誘導にも限界があります。

最初は腐敗官僚や金持ちを習近平政権がやっつける様子に喝采を送っていた庶民も、現実の自分たちの暮らしが一向に良くならず、むしろ若者の失業者は増え、家賃や不動産は値下がりせず、豚肉や食用油、米などの生活費が高騰していることに気づき始めました。

習近平政権の反腐敗キャンペーンは、実は権力闘争であり、実社会がより良くなることとはまったく別次元の問題であることに気づいてくると、こうした宣伝効果は薄れてきました。

人民統治ツールとしての社会信用スコア

大衆のコントロールがうまくいかないと、「乱」が起きるかもしれない。中国の為政者は常にこの恐怖を抱えています。世論誘導効果、宣伝効果に限界を感じてくると、ますます監視の方に力を入れるようになります。習近平政権は国家戦略としてハイテク産業の国産化を目指す「中国製造2025」を推進していますが、その中心には情報通信技術、AIなどがあります。この情報通信技術、AI技術を人民監視プロジェクトのためにどんどん実用化していきます。それがたとえば社会信用スコアの構築、公安による人民監視システム「天網工程（てんもう）」や農村監視システム「雪亮工程（せつりょう）」などです。

社会信用システムは2014年に打ち出され、2020年までに完成させる予定で、すでに北京、上海や重慶など主だった地方都市で導入されています。具体的には市民情報、企業組織情報を完全にネットワーク化し、点数によって信用格付けを行います。公務、商業、社会、司法の4つの分野で市民や企業、組織の誠実度、信用度を加点したり減点したりします。納税額や卒業大学のレベルで加点したり、脱税、収賄、不正乗車や信号無視などのルール違反で減点したり、さまざまな個人及び組織の信用度が点数で表され、その点数によって格付けされます。

たとえば信用評価のA、Bランク以上の企業や個人は、レッドリストと呼ばれ、公募、財政的補助金、マイクロビジネスへの参入などが容易になるようなローンの優遇が受けられます。海外旅行のビザ発行がスピーディだったり、ローン審査がゆるやかだったりします。

一方、収賄、脱税、詐欺、あるいは深刻なモラル違反などを犯し、信用度が低くランキングされると、期限を決めてブラックリストに入れられ、そのリストが公にさらされるなどの社会制裁を受けることもあります。場合によっては出国禁止、あるいは高速鉄道や航空機の発券禁止といった処罰を受けることもあります。

２０１８年はこの社会信用の点数が低いために航空券の発券を拒否された人は延べ１７５０万人、高速鉄道の発券拒否は延べ５４０万人、ブラックリストに載せられて個人情報をさらされたのは１２００万人と、香港・サウスチャイナ・モーニングポスト傘下のウェブニュースサイト「インクストーン」が報じていました。

建前上の目的は中国の社会秩序、社会信用環境及び経済流通システムを一体化させて構築するためです。これによって、犯罪者の逃亡、ルール違反、詐欺など、中国社会にあふれているモラルの問題を解決したいということです。社会主義市場経済を完遂させるために中国で欠如している誠実さと信用性の水準を向上させる、というのです。ですが多くの人が、これは人民の行動・思想をコントロールする統治ツールだと思っています。

支配には、多数の下層部が少数の上層部に絶対服従するヒエラルキー構造が重要ですが、中国は長らく、大衆のヒエラルキー構造を農業戸籍（農村戸籍）と非農業戸籍（都市戸籍）に分ける戸籍制度などを使った移動の自由の制限、職業の制限、所得と権力の結びつきなどでコントロールしてきました。

ですが改革開放が進むと、農民も都市に流入し、移動の自由の制限が崩れ、また、都市住民の農民に対する絶対優位も崩れかけてきました。なので、今やこの二元的戸籍制度が統一戸籍になるのは時間の問題だといわれてています。そこで都市住民を中心とした新たなヒエラルキー構造を構築しようとしている。それが「社会信用システム」というわけです。

信用が低い市民のリストを公開して社会的死に追いやるのは公開処刑と同然です。殺人犯やレイプ犯ですら基本的人権が保護される西側先進国社会では信じられないことでしょう。信用の高低を評価するシステムが公平、客観的かどうかも私は怪しいと思っています。汚職やモラル違反についての密告が奨励され、密告者には報奨金も支払われることが多いのですが、この密告のなかには、権力闘争やライバル、商売敵の蹴落としなどを目的としたものもあると思われるからです。

中国の場合、100％クリーンな人などほとんどおらず、たまたま密告され、普通の市民ならば誰もがやっているようなさほど悪質でない税金のごまかしやルール違反によってブラックリスト入りさせられて、人生を狂わされる場合だってあるわけです。

実はこの市民に対する信用格付けは、なにも中国人だけを対象としているのではありません。中国で働く外国人に与えられるビザもA、B、Cと、格付けされています。卒業大学、年齢、勤務企業、習得語学レベル、習得資格、技術別に点数が付けられ、85点以上はハイレベル人材に与えられるAビザ、60～85点は指導的役割の外国人に与えられるBビザ、それ以下は普通の外国人に与えられるCビザです。

中国当局としてぜひ迎え入れたいのはAビザで「奨励ビザ」とも呼ばれています。Bビザは当局がしっかり監視、管理していく管理ビザ。Cビザは中国への流入を制限するための制限ビザ。日本人駐在員のほとんどはCビザだそうです。

Aビザは5年マルチビザで、ビザというよりグリーンカードといっていいでしょう。３年連続で安定した投資を行っていて、その総額が１００万ドルを超えているとか、高額納税者であるとか、世界５００強企業での管理職勤務経験があるとか、ハーバード大学とかオックスフォード大学とか世界の有名大学を出ているとか、高い条件が求められています。

これは中国人や中国にいる外国人を管理しコントロールしているのが、法治ではなく中国共産党であり、中国においての秩序、信用は中国共産党が与えているのだということを示すための制度だともいえます。ですから当然、中国共産党に対する批判的な言動、思想も社会信用格付けの点数に入ります。このシステムは、中国共産党に批判的な人間をあぶり出す意味もあると思われています。

この信用システム構築には、英国の「フィナンシャルタイムズ」などによれば、アリババのアント・フィナンシャルが自社の信用評価システム・芝麻信用（ジーマしんよう）のデータを提供するなど、民営ＩＴ企業やＳＮＳ、Ｅコマース企業など6社が協力しています。

つまり中国では民営企業の顧客データが中国共産党の人民監視統治システムに普通に提供されるわけです。よくよく考えてみると恐ろしい話ではあります。

ＡＩ顔認識監視カメラによる支配はオーウェルの『１９８４』の世界

もう一つ急速に普及しているのが、ＡＩ顔認識カメラを使った監視システムです。

中国ではハイクビジョンやセンスタイム、メグビー、ダーファ、依図といった中国の監視カメラ、顔認識システム企業の成長が目覚ましく、中国共産党が展開する顔認識監視カメラを使った人民統治システムを支えています。

ちなみにこうした中国のＡＩ顔認識カメラ業界に技術や資金を提供してきたのは、シスコやエヌビディア、インテル、バンガードやＪＰモルガンといった欧米企業でもあります。

公安が開発し、目下全国に展開を進めているシステムの一つは「天網（スカイネット）」です。主要都市部ではほぼ１００％導入されており、２０２０年までには中国全土で導入する予定だそうです。監視カメラに映った顔を数十秒で識別し、警察に登録されている行方不明者や指名手配犯を見つけ出すことができます。

ＢＢＣ（英国放送協会）の記者が貴陽市の警察に協力してもらい実験したところ、人混みにまぎれ込んだ記者をこのシステムにより、わずか7分で発見し拘束することができたそうです。ハイクビジョンやセンスタイムの顔認識カメラはわずか1秒で14億の中国人の顔を識別でき、実際2016～17年の2年間で2000人の犯罪逃亡者の逮捕に貢献しているといいます。

報道でよく知られているのは香港スターの張学友（ジャッキー・チェン）のコンサートツアー（2018年4月から年末）の会場で麻薬密売などの指名手配犯計60人以上が「天網」に引っかかって逮捕されたというエピソードです。

公安当局にはその他の声紋、指紋、DNA、虹彩（こうさい）、骨格認識などの個人情報が蓄積されており、そういった情報も天網システムと連動させていくようです。

とにかくその情報集積、情報処理の速さはものすごく、一説では国防科学技術大学のスパコン・天河二号が演算処理に関わっているという噂もあります。

2018年末までに顔認識カメラは鉄道駅や空港、公共の広場やホテル、病院などを中心に2億台が配備されているそうです。刑事事件、治安事件、交通違反、都市管理条例違反の取り締まり、犯罪や突発的な災害事故予防のための映像資料提供などが主な目的とされていますが、人権活動家や陳情者、デモ参加者を洗い出し、監視することにも使われているという当事者たちからの証言もあります。

もう一つは農村監視システム・雪亮工程です。これは2018年の中央一号文件（中国共産党と政府が年初に出す重点政策）にも触れられている農村を中心にした顔認識監視カメラと農民個人情報を紐づけた監視システムです。「群集性治安予防工程」の一つとされていることからも想像がつくように、農民暴動やデモ活動を警戒したものといえるでしょう。

2016年から導入が徐々に始まりました。農村の入り口や主要な道路に設置されているだけでなく、各家庭のテレビネットワークや家電ネットワークにも接続し、農民各世帯を個々に監視することも可能になっています。インターネット統制の金盾工程、都市犯罪の監視システム・天網工程でカバーしきれない農村の治安という死角をこれでカバーするというわけです。

この雪亮工程が集中的に導入されているのは新疆（しんきょう）ウイグル自治区など、少数民族地域です。特に新疆の民族弾圧は習近平政権になって過激になってきており、ハイテクと人海戦術の双方から監視管理を強化してきていますが、これは次章で詳細を述べたいと思います。

かくして、こうした先端技術を駆使した人民監視、管理、コントロールを実施するようになった中国は、確かにジョージ・オーウェルの小説『1984』の世界であり、小説に出てくる独裁者・ビッグブラザーは現在の中国共産党そのものです。

ですが、そこまでして、中国共産党は本当に大衆を徹底的に管理し、支配できるものなのでしょうか。私は、そろそろ中国共産党の監視・管理・監督能力に限界がきているような気がするのです。

政治化する労働争議

中国共産党の監視・管理・監督がＡＩやＩＴを使ってうまくいっているのなら、中国社会は安定して発展していると思われるのです。ですが中国では不穏な大衆事件がむしろ増えています。

まず労働争議が急激に増えています。香港の労働者支援のＮＰＯ中国労工通訊の統計によれば、２０１８年の労働争議は１７００件以上とのことです。２０１７年は１２００件で、この数字はもちろんＮＰＯが独自に集計した数ですので、氷山の一角にすぎないといわれています。

思い出すのは２０１８年夏に起きた深圳佳士科技公司（ＪＡＳＩＣ）の労働争議です。現場となったＪＡＳＩＣは２００５年に設立した溶接機の開発・製造企業。深圳、重慶、成都などに工場をもち、深圳工場の労働者は約1000人。賃金未払いや厳しい罰金制度、保険や住宅基金の削減、トイレにまで監視カメラをつけるプライバシー侵害といった従業員を奴隷扱いするような劣悪な雇用条件でした。2015年以降、この状況はますます悪化していきます。

背景には2015年ごろから本格化する習近平政権の労働者権利運動を含む「維権」（権利維持運動）の抑え込み政策がありました。

2015年7月9日から300人以上の弁護士・人権活動家を一斉拘束した通称「709事件」は、そうした習近平政権の維権弾圧政策の一つです。広東省で育っていた労働者の権利運動NPOのリーダーたちもこの年、明らかな冤罪（えんざい）で次々と拘束されていきました。

もう一つの背景は経済の急減速です。AIやIT分野で活気あふれる深圳の姿ばかりが日本ではクローズアップされていますが、中国でものすごい数の中小零細企業、工場が倒産していることは「第一章」で述べた通りです。そのしわ寄せは労働者にきていました。大勢の労働者が、何カ月分もの賃金を未払いのまま突然解雇されたりしていました。

こういう背景のもと、JASICの労働争議は労働者が賃上げや労働環境改善を求めるだけでなく、本物の労働組合の設立を求めるという点で極めて政治的な事件として国際社会からも注目されました。

きっかけは、2018年4月のある日、従業員の一人、余浚聡(よしゅんそう)がSNS微信の工場グループチャットで「徒歩」をさせられたと、愚痴(ぐち)ったことです。「徒歩」というのは労働者に休み時間を利用して(健康管理などのために)歩かせることですが、労働者にとってこれは貴重な休息時間を不当に奪われることでした。

彼は強制徒歩を5日間で8時間もやらされました。一種のパワハラです。グループチャットで愚痴ったことがばれて、彼は班長に殴られた上、5月10日に解雇されました。余浚聡はこのことを不服とし、労働者権利運動を始めることにしたのです。

余に同情するとともに、工場の労働環境の悪さに我慢の限界がきていた労働者の有志たちは一緒に立ち上がり、強制徒歩や苛烈な罰金制度など工場側の違法行為について深圳市坪山区の総工会(中国共産党による労働者組織)に訴え出ました。区の総工会は、「工場内に労働者による自主的労働組合を設立して問題を解決してはどうか」と提案したので、労働者たちはこれを解決案として受け入れました。ですが、工場内で自主的労働者組合を設立する段になって、工場側は自分たちの息のかかった労働者を代表に送り込み圧力をかけたので、労働者たちが自主的に選んだ代表は選出されませんでした。

これに反発して、労働者たちは自分たちで代表を選び直します。しかしその代表の劉鵬華(りゅうほうか)は7月のある日、工場内で何者かに殴られて救急車で運ばれたあと、警察に逮捕されてしまいました。労働者たちはますます結束を固め、抵抗運動は大きく広がっていきました。その後も、労働者有志が暴行を受けたり、不当に解雇される事件が相次ぎます。

7月20日、工場に突如警察や保安部が押し入り、工場側に抵抗する労働者たちを一斉拘束しました。ですが、これがますます労働者たちの怒りを呼び運動は広がりました。労働者たちは地元警察派出所を囲んで、「自主的労働組合を認めろ」「暴力警察に懲罰を！」といったスローガンを叫び、「団結こそパワー」という解放軍歌を合唱しました。

この派出所前で抗議活動をした約30人の労働者は再び拘束され、そのうち6人は挑発罪容疑で逮捕されてしまいました。

この事件は中国全土に知れ渡るようになり、中国各地の学生や人権活動家が7月29日、同派出所前に応援に駆け付けました。大学のマルクス主義研究会のメンバーや左派系活動家が中心です。そのなかに、広州の著名労働者権利運動活動家の沈夢雨(しんむう)の姿がありました。

沈夢雨は中山大学を卒業し、数学・コンピュータ専攻で同大学院までいったエリートですが、在学中に労働者の権利関連法を独学で勉強し、その境遇を理解したいという動機から２０１５年から日系自動車部品工場（広州日弘）に労働者として就職。２０１８年4月、工場の賃上げ運動のリーダーを務めたために解雇されたのちは、その経験を生かして労働者権利擁護活動家になっていました。

沈夢雨は学生、労働者ら15人を率いて30日、地元坪山区の書記に公開信書を渡し、拘束されている労働者の釈放を要求。「烏有之郷」や「毛沢東思想旗幟ネット」といった左派サイトの代表者ら中国共産党員を含めて１１００人がこの労働争議に労働者の立場から声援を送り、運動はいつしか「労働者階級の正義の闘争」という形で国内インターネット上に広がりました。

これに連動する形で北京大学や清華大学の有志たちによる声援文が次々とネット上で発表されました。当局はすぐ削除するのですが、それでも閲覧数は万単位にのぼり、7月29日の段階で中国の重点大学を含む10以上の大学の有志による声援文章が、発表されては削除されるという形で繰り返されました。

さらに香港大学や香港中文大学の著名教授ら１００名以上が、逮捕された労働者の釈放要求書に署名し、8月1日にはアムネスティ・インターナショナルも「労働者の組織結社の自由の権利を尊重せよ」との声明を発表。香港では中聯弁（在香港の中国共産党本部）前で抗議デモが展開されました。

ですが8月11日に、沈夢雨は当局から圧力を受けた叔父夫婦に呼び出される形で、当局に連行されます。8月22日の本人による声明では、深圳のとある別荘で公安の監視下で軟禁状態にあるそうです。その後、彼女の消息は不明です。

また、運動に関わった労働者らは30平方メートルほどの収監室に押し込められて、食事をするときも、訊問を受けるときもひざまづいた格好をさせられ、人としての尊厳を守られていない、と「ラジオ・フリーアジア」が関係者の話として報じていました。

運動の核となる沈夢雨の姿が消えたことで、労働者側の勢いは弱まり、8月24日には防暴警察隊が労働者や支援者の拠点となっていた民家に押し入り、その場にいた50人が連行されて、一応運動事件は収束しました。

沈夢雨のほか、この運動を支援していた岳昕（がくきん）、顔佳悦（がんかえつ）、鄭永明（ていえいめい）も拘束されてそのまま消息がわからなくなりました。彼らは北京大学などの名門校を卒業した左派学生活動家でした。社会主義思想を信望する彼らは本来、中国共産党と志を同じくするはずなのですが、当局側は彼らを西側のＮＧＯの資金を受け、扇動に乗って中国社会の秩序を破壊する行為をしたと、糾弾しました。

この事件で労働者を全面的に応援していた北京大学のマルクス主義研究会は閉鎖させられました。沈夢雨、岳昕、顧佳悦、鄭永明の４人は２０１９年１月21日、広東省警察が公開した映像のなかで自らの罪を認め「組織的に洗脳されました」と懺悔していました。顔は蒼白、目はうつろで歯はぼろぼろ。彼らが拘束中にどんな目にあったのか、誰もがそれを察しました。

このＪＡＳＩＣの労働争議はこうして、当局の弾圧によって潰されたのですが、同時に習近平政権の足元の危うさを広く知らしめることにもなりました。なぜなら、この労働争議は事実上、中国共産党の支配する労働組合に抵抗した労働者の自主的労働組合設立という、中国共産党体制の根本を揺るがす政治的要求を掲げているにもかかわらず、「労働者階級の正義の闘争」という社会主義革命的、毛沢東的スローガンを掲げ、党内左派人士の支持を得ているからです。

となると、習近平の目指す方向性は本当に社会主義強国なのか。資本家への富の偏りを是正し、労働者や農民、庶民に希望をもたらす（という建前の）中国共産党の正統性を受け継ぐ政権といえるのかどうか。労働者権利擁護の運動を、治安維持の暴力で抑え込むやり方は中国共産党の正統性を自ら否定することになるのではないか。そういったことをみんなに気づかせてしまったからです。

習近平と労働者、どちらが社会主義の〝正義〟を体現しているかといえば、誰もが労働者側じゃないか、と思うわけです。そして、政権発足以来、大衆路線を掲げて、庶民の味方のふりをしてきた習近平は、実は労働者の敵、地方の工場労働者はほとんどが農民の出稼ぎ者ですから〝農民の敵〟ということになります。

毛沢東は農民によって都市を包囲し、革命を起こしましたが、習近平は毛沢東にはなれない、むしろ〝毛沢東に倒される側〟ということです。毛沢東があれほどの暴君でいられたのは、中国の農民・労働者の圧倒的支持があったからであり、迫害の対象を権力の座を争うライバル・知識層・資本家に絞ったからです。

そういう意味では習近平は知識層も資本家も、そして労働者ら低層社会の人々も、右派も左派も敵にまわしているということになります。

各地で起こり始めた〝農民の反乱〟

農村の抗議活動も増えている感じがします。農村の反乱といえば、有名なのは「広東省烏坎村事件」でしょうか。村民が自治を求めて起こした抗議活動が最終的に認められて村の独裁者であった党の書記を追い出した事件です。

2011年の胡錦濤政権時代末期に起きて、時の広東省の書記・汪洋が村の自治を認めるという決断を下しました。ですが習近平政権になって、この村の自治は、村長が汚職容疑（冤罪だといわれている）で逮捕される形で潰されてしまいました。烏坎村は今も厳戒体制で監視・管理されていると聞きます。

汪洋

胡錦濤政権までは農村から徐々に直接選挙制度を導入し、自治を認める方向を試みていく気配があったのですが、習近平政権はその方向性を完全に断ちました。むしろ農村を中国共産党を支える基層としてしっかり支配を固めるつもりで、雪亮工程などを導入し始めたのです。習近平は、農村を人民公社時代に戻したいと考えているフシがあります。

ですが、そんなふうに押さえつければ押さえつけるほど、何かの拍子に表面化する不安、不満の反動は大きい。胡錦濤時代のように集団性事件の公式の統計が出ていないので、確かなことはいえませんが、ネットのSNSで流れる地方の抗議運動やその鎮圧事件の多さをみればやはり増えているように感じます。

具体例を挙げれば2019年に入ってからも四川省で農民による大規模抗議が起きました。

シェールガス開発によって起きた〝人為的地震〟によって四川省自貢市栄県などで少なくとも2人が死亡。このことに怒った地元住民（農民）一万人以上が栄県政府庁舎を取り囲む形で抗議デモを行いました。政府庁舎の周辺では警官隊とデモ隊が衝突する場面もあり、結局、農民の暴動化を恐れた政府側はガス開発の停止を発表しました。実際のところ、地震と開発の因果関係はわからないのですが、パニックになった住民が政府庁舎に押し寄せたのです。

ほかにも投資被害、品質不良のワクチン接種による被害、環境汚染などの地方で起こりがちの事件をきっかけに数百から千人規模の集団抗議、暴動事件はネットの動画サイトやSNSを見るかぎり実に頻繁に起きています。

国際ニュースになるほどの大規模なものではありませんが、こうした小事件は、農村の不満・不安が膨張していつか大きな「乱」を生むのではないか、その胎動のような気もします。

思うに、中国の高等教育化が進み、労働者と知識層の境があやふやになってきた現在の中国では、単純に知識階級や資本階級と労働階級の対立をあおるというやり方で社会不満のガス抜きができなくなっているのだと思います。農民や労働者の間で起きる社会主義的な階級闘争のスローガンで始まった戦いも、やがては民主化運動につながっていくのではないか、という予感がします。

ふと思い出すのは、「蟻族（ありぞく）」（都市の高学歴低層労働者）の研究で知られる中国人学者・廉思（れんし）から聞いた話です。

2013年のことだったと記憶していますが、私は「中国の体制や社会が劇的に変わるとしたら、中国共産党内で指導者たちによって変革がもたらされるのか、社会の低層からの運動や欲求が社会を変えていくのか、どちらの可能性が高いと思うか？」と質問しました。

このときは習近平政権の性格について国際社会も意見が分かれており、習仲勲という開明派政治家の息子である習近平はひょっとすると、ゴルバチョフや蔣経国（しょうけいこく）のような体制変化をもたらす新しい指導者になるのではないか、という期待を持つ人も多かったのです。

ですが彼は、間髪入れずに「社会の低層の権利要求運動に本当の突破力がある。党のトップから変革をもたらすことは難しい」と答えました。そうした低層の権利要求運動には、蟻族に代表されるような高学歴でありながら低層労働者側に立つ若者の力が鍵となっていくと予言していました。

一応、体制内学者である彼は「まあ、今すぐというわけではない。10年後かそれより先か」と慌てて付け加えていましたが、彼の予言に反し10年を待たずしてその動きが、今、起きている気がしています。

習近平も低層の権利要求から起きる「動乱」を予感しているのではないでしょうか。だから、ハイテクと人的資源とあらゆるソースを投入してものすごい人民監視・コントロールシステムを作ろうと必死なのです。

でも、この野望は危険ですし、矛盾しています。人民を恐れ、信じることのできない人間が、人民の指導者であり続けることはありえないとは思いませんか。

宗教と異民族が引き起こす分裂

宗教の中国化政策という異常

習近平の宗教政策は、おそらく歴代中国共産党指導者のなかで最悪であり、その異常性は習近平の数ある政策のなかでも突出していると思います。

2018年4月、中国は1997年以来2冊目となる宗教白書「中国の宗教信仰の自由を保障する政策と実践白書」を発表し、習近平政権における宗教政策の方向性を強く打ち出しました。そのキーワードは「宗教の中国化」です。

白書によれば、中国はすでに五大宗教（仏教、キリスト教、イスラム教、ユダヤ教、ヒンドゥ教）人口が2億人を超える宗教大国となり、それに伴い、中国共産党による宗教管理の強化が必要だと訴えていました。ちなみにこの2億という数字は、中国共産党が認める宗教者数です。中国には中国共産党が公認する宗教と非公認の宗教があり、非公認の宗教は〝邪教〟として排除・迫害の対象となっています。実際の宗教人口はおそらくこの2倍以上。キリスト教だけでも1億人、仏教徒は最近では3億人前後という推計も出ています。

この膨大な宗教人口を管理するために、国家宗教事務局は2018年4月から党中央統一戦線部傘下に組み入れられることになり、党中央が直接、宗教工作を指導するかっこう

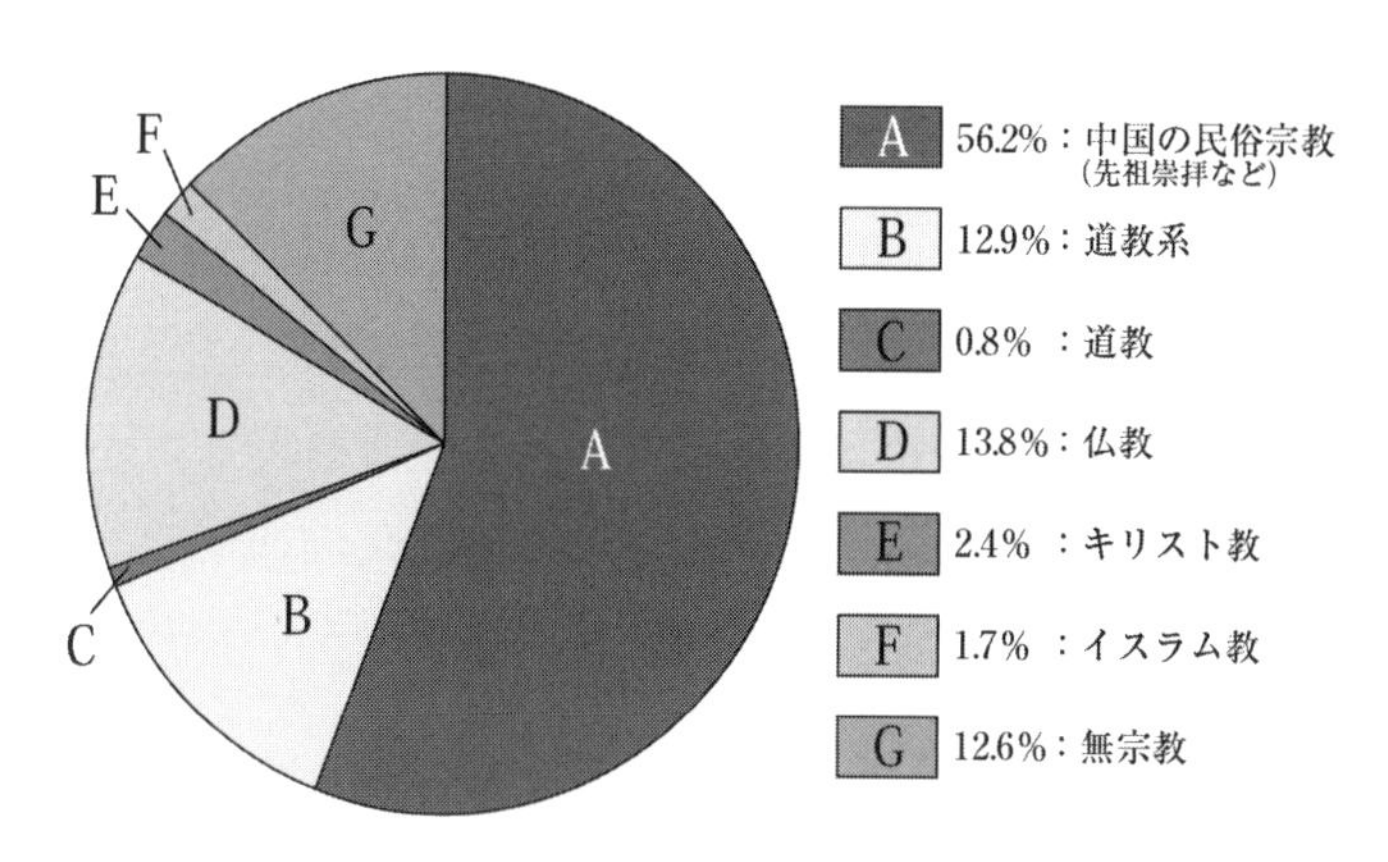

中国の宗教別人口比率　出典：2010 Chinese Spiritual Life Survey conducted by Dr. Yang Fenggang, Purdue University's Center on Religion and Chinese Society.

となりました。元国家宗教事務局副局長の陳宗栄（ちんそうえい）はこの機構改革について「我が国の宗教の中国化方向を堅持し、統一戦線と宗教資源のパワーを統率して宗教と社会主義社会が相互に適応するように積極的に指導することを党の宗教基本工作方針として全面的に貫徹する」と説明しています。

党中央統一戦線部とは中国共産党と非中国共産党員との連携、チベットや台湾に対する反党勢力への工作を含めた祖国統一工作を担う部署です。宗教事務を祖国統一工作と一本化するということは、台湾統一問題とカトリック教、チベット問題とチベット仏教、ウイグル問題とイスラム教をセットで考えるという発想です。

つまり、それぞれ宗教へのコントロール強化によって、その信者たちの思想を祖国統一へのパワーに結びつけるのが中国共産党の任務、ということです。逆にいえば、それらの宗教をきっちりコントロールできなければ、中国は〝祖国分裂〟の危機に瀕する、ということでもあります。

中国の王朝の転覆はだいたい、異民族の侵入と体制内の分裂、宗教ブームが大衆の不満とセットになったときに起きていますから、宗教と民族問題をセットで考えるというのは中国の歴史と照らし合わせても妥当な考えなのです。

〝宗教の中国化〟とは〝宗教の中国共産党化〟あるいは宗教の〝社会主義化〟といえるかもしれません。ですが、宗教の社会主義化など、本来ありえません。宗教を否定しているのがマルクス・レーニン主義なのだから。中国共産党規約によれば、中国共産党員は信仰を持ってはいけないはずです。宗教が社会主義化するということは、つまり宗教が宗教でなくなる、ということなのです。

そもそもキリスト教の人道主義と、中国の一党独裁体制の実情は相反しています。この矛盾点を香港の記者が問いただすと、陳宗栄は次のように答えていました。

「我が国の宗教が中国化することは、宗教の基本教義を変更することではなく、中国化と宗教の教義が衝突することもありえない。それは宗教の核心的教義・礼儀・制度には抵触せず、その核心部分の変更がないという前提のもとで、政治的社会的文化的に適応するように指導するということなのだ。……具体的に言えば、政治の上から宗教界を指導して、中国共産党の指導を擁護し、社会主義制度を擁護する。これが一つの大前提である。そうしてこそ、広大な信仰を持たない群衆と一緒に我が国を建設し、中華民族の偉大なる復興を実現することができる」

さらに陳宗栄は「中国の宗教団体と宗教事務は外国勢力の支配を受けないし、いかなる方法でも絶対干渉は受けない。中国の宗教は自立し、自主的原則を堅持するのである」と話していました。

信仰を持つ人にとって、この中国の主張は納得のいくものでしょうか？　宗教が政治の道具になる歴史というのはどこの国にもあるものですが、中国共産党の場合は、本当に宗教というものがわかっていないので、取り繕うことすらできないのだと思います。

こうして、ほとんど誰にも理解できない、世界でもまれなる宗教政策が中国で実施されようとしているわけです。

21世紀最悪の民族浄化政策!? ウイグル弾圧

こうした習近平政権の宗教政策のもと、宗教弾圧が過激になっていきます。その矛先の一つはイスラム教を信仰するウイグル人です。

2019年2月5日。中国でいうところの〝春節〟の日、中国新疆ウイグル自治区グルジャ市(伊寧市)で一つの悲劇が起きていました。漢族役人たちが春節祝いをもって「貧困少数民族救済」という建前で、ウイグル家庭に新年のあいさつにきたのです。

その春節のお祝いの品とはムスリムにとって禁忌の豚肉と酒でした。

役人たちはあたかも善意を装って、ウイグルの人たちに豚肉を食べろと強要し、彼らが嫌がるそぶりを見せると、2017年4月に制定された「脱過激化条例」に違反した、と言って再教育施設に強制収用するつもりなのです。

それはRFA(ラジオ・フリーアジア)という米国政府系資金が入ったメディアが報じていました。

グルジャといえば中国共産党のウイグル迫害史のなかでも際立って残酷な事件として歴史に刻まれている1997年2月5日の「グルジャ事件」の現場です。これはデモに参加したウイグル人を武力弾圧し、100人以上の犠牲者を出し、190人以上が関与を疑われて処刑された事件です。この苦痛と悲しみの日に、この場所で、中国共産党はウイグル人にこのような非道なことをしていたわけです。

ウイグル人たちを屈服させるための脅迫に使われたこの「再教育施設」、正式には「職業技術教育訓練センター」が、実はナチスの強制収容所に勝るとも劣らない過酷で絶望的な監獄であることが、2018年ごろから海外在住のウイグル記者や人権団体の調査、告発で明らかになってきています。中国のウイグル人口1100万人のうち100万人以上がこの収容所に収容され、迫害や洗脳、時に拷問を受けているとのことです。

具体的な話として、「アムネスティ・インターナショナル日本」の招聘（しょうへい）で来日公演した、オムル・ベカリさんの体験談を紹介しましょう。

オムルさんは2017年3月からおよそ8カ月、新疆ウイグル自治区・カラマイ市郊外の農村にある「再教育施設」に収容されたのち、奇跡の生還を果たしました。2018年10月下旬に東京、大阪などで講演会（アムネスティ・インターナショナル日本主催）を行っています。私はこの時期、日本に不在で聴きに行けなかったのですが、オムル氏の通訳を担当した在日ウイグル人は私の友人であり、彼からオムルさんの講演の話を聞きました。

オムルさんは1976年トルファン生まれ。民族的にはカザフとウイグルの混血で、成人後はカザフスタンで国籍を取得し、カザフ国民として旅行ビジネスに従事。2017年3月、ウルムチに出張し、帰国前に両親の住む故郷、トルファンの実家に立ち寄ります、その翌日の3月26日、突然やってきた武装警察により頭に袋をかぶせられ、手足を縛られて連行されました。

「最初に血液と臓器適合の検査を受けた。自分の臓器が中国人の移植用に使われるのかと思い恐怖を感じた」「その後、4日間に亘り、激しい尋問をうけた」といいます。「お前はテロリストを手伝っただろう?」「新疆独立運動に加担したな」と身に覚えのない罪をあげられ、答えないと、警棒で脚や腕を傷跡が残るほど殴られました。拷問に屈して「はい」と答えてしまえばテロリストとして処刑されると思い、必死で耐えたそうです。「私はカザフスタン国民だ。大使館に連絡をとってくれ」「弁護士を呼んでくれ」と要求しても、無視されました。

他のウイグル人が拷問を受ける姿も目の当たりにしました。

両手を吊るされて、汚水タンクに首まで浸けられて尋問されていたり、極寒のなか、水をかけられて、凍えさせられたり……。尋問のあとには洗脳が待ち受けていました。「再教育施設」に収容され、12平方メートルほどの小さな採光窓があるだけの狭い部屋に約50人が詰め込まれたそうです。そこには弁護士、教師といった知識人もおれば、15歳の少年も80歳の老人もいて、ウイグル人だけではなく、カザフ人やウズベク人、キルギス人もいたそうです。

オムル・ベカリ ©AP/アフロ

食事もトイレも就寝も〝再教育〟も、その狭く不衛生な部屋で行われました。起床は午前3時半。それから深夜零時すぎまで、手を変え品を変え、再教育という名の洗脳が行われました。早朝から1時間半に亘って革命歌を歌わされ、食事前には「党に感謝、国家に感謝、習近平主席に感謝」と大声で合唱させられました。さらに収容者同士批判や自己批判を強要される批判大会があります。「ウイグル人に生まれてすみません。ムスリムで不幸です」と反省させられ、「私の人生があるのは党のおかげ」「何から何まで党に与えられました」と繰り返し言わされるのです。声が小さかったり、言い間違えたりすると、真っ暗な独房に入れられたり、鉄製の椅子に括り付けられたりしました。

えたいの知れない薬物を飲むように強要されたこともありました。オムルさんは、実験薬だと思い、飲むふりをして捨てたそうですが、飲んだ人がひどい下痢をしたり、昏倒したりするのを見たそうです。食事に豚肉を混ぜられ、食べないと拷問されました。そうした生活が８カ月続くと、１１５キロあったオムルさんの体重は60キロにまで減っていたそうです。

カザフスタンに残されていた妻が国連人権委員会へ手紙を書いて救いを求め、親戚もカザフスタン大使館を通じてカザフスタン外務省に訴え続け、人権ＮＧＯやメディアも動き、なんとか２０１７年11月４日、オムルさんは釈放されました。しかし、トルファンにいたオムルさんの両親、親戚13人が強制収容され、２０１８年には収容所内で80歳の父親が死亡。死因は不明ですが、ウイグル問題を国際社会で告発し続けるオムルさんへの報復のための虐待死が疑われています。オムルさん自身、今も日常的に命の危険を感じて、一人では出歩かないようにしているそうです。

日本には、2000人以上のウイグル人が留学したり就職したりして暮らしていますが、彼らの家族も同じ目にあっています。私には東京近郊に暮らすウイグル人社会人、留学生の知り合いが20人ほどいますが、その誰もが、家族の誰かを再教育施設に収容されて苦しんでいました。

友人の一人で、日本に来て10年、今は日本国籍を取得しているウイグル系日本人会社員のウマルさん（仮名）も、年老いた父親が再教育施設に入れられていました。父親が収容されたのは2017年夏。1年後、突然、収容中の父親からビデオメッセージが送られてきました。ビデオのなかで父親はやつれ果て、老け込み、鬚を剃られていました。そして「私は元気にしています。中国政府は素晴らしい。息子よ、中国政府に協力してください」と言います。ビデオの後ろには監視カメラが映っていました。

在日ウイグル人のネットワークをもっているウマルさんに、「同胞の言動や人間関係についての情報を中国当局に提供せよ」、つまり〝スパイになれ〟という要請を、卑怯にも収容中の父親に言わせたのです。ウマルさんは在日ウイグルの同胞を守るために、二度と父親からのチャットメールに出ないことにしました。「父はこれで殺されるかもしれないし、もう殺されているかもしれないが、自分や家族を守るためにウイグルの仲間を売ることはできない。父親ならそれをわかってくれると思った」と苦渋の決断を私に語ってくれました。

こういう経験を持つ人は一人や二人ではありません。私の周りにいるウイグル人全員がよく似た境遇にあるのです。そして彼ら自身も、日本のいたるところにいる〝中国のスパイ〟に脅えています。家族のなかでも稼ぎ手である父親や叔父が故郷で再教育施設に収容されると、留学生などは途端に学費や生活費に困ってしまいます。またパスポートが期限を迎えると、「中国に帰国して更新しろ」と中国大使館に圧力をかけられます。中国に帰れば、留学生たちが再教育施設に収容される可能性はほぼ100％であるといいます。

「ウイグル問題は、見方によってはシリアの内戦などよりも残酷です。戦争が起きていれば、世界中の誰もが同情する。でも東トルキスタンは新疆ウイグル自治区として、観光客が普通に訪れることができる一見すると平穏な地域なんです。でも、ウイグル人は厳しい監視下に置かれ、家族がある日忽然(こつぜん)と消えても、収容先で急死しても、何事もなかったかのような幸せなふりで〝日常〟を営まねば、今度は自分が収容されかねないという恐怖を抱えているのです」とウマルさんは訴えていました。

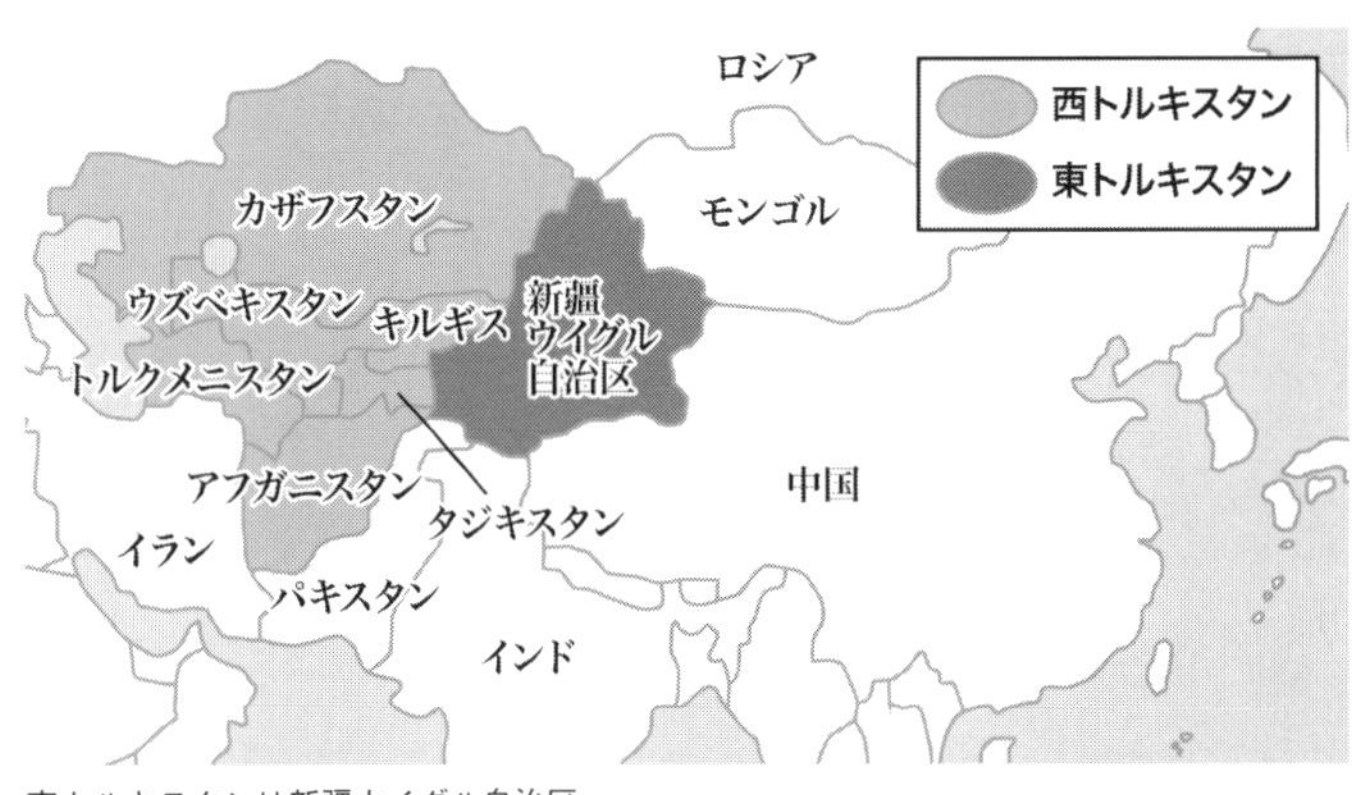

東トルキスタンは新疆ウイグル自治区

ところで「再教育施設」って何なんでしょう。中国当局は、再教育施設は、あくまでも過激派宗教に染まった人々を正しい中国人の道に戻るように教育し、社会復帰を支援するための施設、と説明しています。ですが、収容されているウイグル人たちはムスリムではありますが、決して原理主義者ではありませんし、どちらかというと異文化、異教徒に対しては寛容な人たちです。だから海外でビジネスをしたり海外留学したりするのです。

そもそも「再教育」制度が始まったのは比較的最近で、習近平政権2年目の2014年ごろです。習近平政権の数少ない〝善政〟の一つに、労働教養所（労働を通じて思想教育を行う事実上の監獄。通常の刑務所と違って逮捕、起訴、裁判のプロセスがないため、当局による気に入らない人間、政治犯、反党分子の不当拘束の温床だった）の廃止があります。

ですが、この労働教養所が廃止されたため、政権にとって気に入らない大衆を問答無用で拘束する根拠がなくなってしまいました。そこで「再教育職業訓練センター」という名前の強制収容所を造り始めたのです。

新疆地域を中心に造ったのは、新疆が習近平にとって一番恐ろしいところだからでしょう。習近平の暗殺未遂事件ともいわれている2014年4月30日のウルムチ南駅爆発事件がきっかけで、習近平は新疆を恐れるようになったといわれています。

新疆でこのような〝テロリズム事件〟が発生するのは、ムスリム過激派のせいだ、そもそもウイグル人全体が、中国共産党に祖国・東トルキスタンを侵略されたと恨みに思っている、だからウイグル人が持つ民族の元の思想、伝統、文化を丸ごと破壊し、再教育して中国共産党に忠実な愛国者にしなければならない……そう考えたようです。

それは2018年の宗教白書にも打ち出されている「宗教の中国化」に通ずる発想でもあります。ここでいう再教育とは、民族が持つ固有の文化、特に宗教に基づく思想、伝統、文化のすべてを破壊し、完全に中国化することです。これは、一種の民族浄化といえるかもしれません。

この宗教の中国化を地域に合わせて法律化したのが「脱過激化条例」です。2017年

4月1日に施行され、「原理主義の影響を受け激しく偏向した宗教思想観念によって正常な生産、生活、言動が妨害・排斥されることを防止する」ことを目的としています。条例によれば、女性がベールをかぶったり、男性が鬚をたくわえたりすることも、ハラル食品を食べることも、ムスリムの伝統的な概念で執り行われる結婚式や葬式も、宗教をテーマにした社会調査や研究、論文執筆も、〝過激宗教に染まる〟ことであり、条例違反となり、違反すれば、「再教育施設」に収容する、ということになります。

陳全国 ©ロイター／アフロ

この「脱過激化条例」を含む新疆地域のウイグル弾圧、宗教の中国化は2016年8月、習近平の子飼いの部下、陳全国（ちんぜんこく）が新疆ウイグル自治区の党委員会書記の任についてから加速度的に進められました。

陳全国がまずやったのは、新疆地域の監視社会の徹底です。「第三章」でも触れた天網工程、雪亮工程のシステムを集中的に展開しました。AI顔認識監視カメラの配備だけでなく、住民にはスマートフォンに追尾機能がついた監視アプリのダウンロードを強制しました。さらに12歳から65歳のウイグル人に対してＤＮＡや虹彩などの生体情報を含むあらゆる個人情報を提出させ、スマホのＧＰＳ、ＡＩ付き監視カメラとリンクさせて、個人の行動や言論、人間関係のすべてを網羅するような特別の監視ネットワークを構築しました。

ダライ・ラマ14世

ですから、ウイグル人がいつもと違う道筋で出勤したり、あるいはいつもと違う店で灯油や燃料類を買ったりすると、自宅から離れた所に行ったり、すぐ公安が尋問に訪れるそうです。

こういったハイテク監視システムと同時に、人海戦術というアナログ的な方法の監視も強化しました。監視役の警官不足から3万人の警官が新たに募集され、警官だけでなく民間の警察協力者も２０１６～１７年の1年間だけで9万人採用されました。また漢族の役人が定期的にウイグル家庭にホームステイする制度を導入。漢族役人によってウイグル人は家庭のなかまで監視されるようになりました。家のなかでコーランが見つかったりすると、それだけで再教育施設送りになってしまうこともあるそうです。

陳全国は習近平の三大悪代官（中国語で三大酷吏（こくり））の筆頭で、泣いている子に「陳全国が来るよ」というと泣き止む、というジョークがあるほどの残酷なイメージがあります。

２０１１年にチベット自治区の書記になりましたが、チベットでは「チベット仏教の中国化」政策で功績をあげました。信仰深いチベット仏教聖職者に「再教育」と称して、異性関係を強要し、ダライ・ラマ14世を批判させ、寺院でマルクス・レーニン主義の学習を義務化したりもしました。絶望したチベット僧侶や尼僧、信者たちは次々と抗議の焼身自殺を図り、国際社会にも衝撃を与えました。こうした苛烈な政策を習近平は大変気に入って、陳を新疆ウイグル自治区書記に抜擢（ばってき）し、第19回党大会では政治局委員入りさせたのでした。

フランシス・フクヤマ

陳全国はすべてのウイグル人が潜在的に反党分子であると公言しており、ウイグル人口１１００万人すべてを再教育施設に収容する勢いです。急激に膨らむ収容人数のために施設の増設も急ピッチで行われました。小学校や病院、公園などが強制収容施設に改造され、「ウォール・ストリート・ジャーナル」が報じた専門家の推計ではそれらの施設はすでに１３００カ所以上になるといわれています。

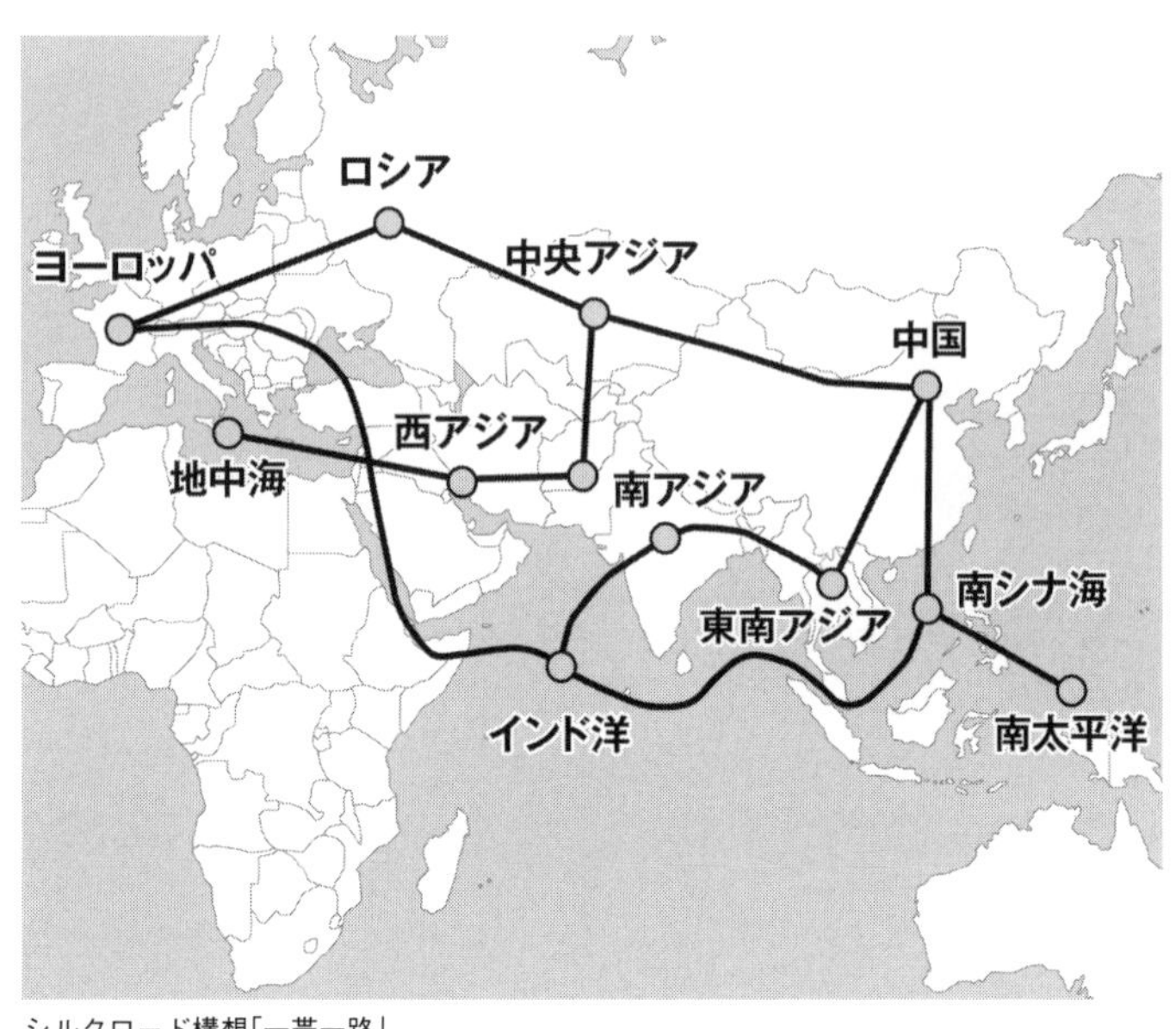

シルクロード構想「一帯一路」

習近平がこれほどまでに、イスラム教を中国化したいのは、国家戦略として党規約にも盛り込んだ新シルクロード構想「一帯一路」戦略とも関係しているとみられています。

一帯一路は中国にとって単なる経済一体化構想ではなく、「中華民族の偉大なる復興」という中華圏拡大の野望を実現する重要な布石。つまり世界を中国化するために、まずシルクロード沿線国を中国化していこうという戦略なのです。

中国化とは中国の価値観、秩序、ルールで、経済も金融も市場も宗教も社会も人々の暮らしも管理・コントロールすることです。王岐山はフランシス・フクヤマとの面談ではっきりとこう言っています。「中国における〝政治〟とは人民を管理することなんですよ」と（2015年4月23日）。

一帯一路には、中央アジアから欧州、東南アジアからインド洋、アフリカを中華勢力圏に収める壮大な野望が隠されているのですが、それを実現するには、まずこの一帯一路の起点の新疆ウイグル自治区の管理・コントロールを徹底することが重要で、そのためにはウイグル人と彼らの信仰の〝中国化〟がまず急がれるということなのだと思います。

節目を迎えるチベット

ウイグル問題とならんでチベット問題も、中国の大きな分裂リスクの一つです。

特に2019年は、ダライ・ラマ14世が中国を脱出しインドに亡命した1959年から60年目にあたります。つまり1956年から始まったチベット動乱がピークを迎え、1959年3月10日にラサ蜂起が起きた悲劇の年から60年目です。習近平政権は例年になくチベット地域に対する統制、コントロールにピリピリしており、一番敏感な時期の3月、4月は外国人のチベット地域の立ち入りは当局の監視役が同行する組織的なもの以外は制限しています。ダライ・ラマ14世の生まれ故郷のタクツェル村には、警官、武装警察が厳重警備を行っているそうです。

中国当局は２０１９年3月に「チベット民主改革60周年白書」を発表し、中国共産党がチベットの人々を農奴制から解放し、ダライ・ラマ14世は自身の政治的特権を守るために、チベットの発展を阻害してきた害悪であるとの立場を改めて表明しました。そして、中国共産党のおかげでチベットのＧＤＰはこの60年の間に１９１倍になったのだと胸を張りました。

しかし、言論の自由を有する海外に亡命したチベット人たちは、この白書に対して反駁（はんばく）の声をあげています。実際は中国共産党の〝チベット解放〟のあとにもたらされたのは、農奴ではなく〝党奴（とうど）〟だと揶揄されるような厳しい中国共産党支配、漢族による迫害と差別と搾取、急激な人口増による飢饉と環境破壊、そしてチベット仏教の中国化と宗教弾圧でした。

１９５０年代のチベット人の抵抗と解放軍の鎮圧による犠牲者数は正確な数字は不明ながら、チベット人口の5分の1の１２０万人にのぼるという説もあります。喫緊（きっきん）で起きた大きなチベット人の抵抗と鎮圧事件は２００８年3月のチベット騒乱でしたが、このときもいったい何人の犠牲者がでたのかははっきりしていません。チベット亡命政府は150人以上としています。

このチベット騒乱の鎮圧以降、ダライ・ラマ14世の中道路線を求める希望もあり、チベットには大きな抵抗運動は起きていませんが、代わりに絶望したチベット仏教の僧侶や尼僧、信者らの焼身自殺が相次ぎました。2018年暮れまでに150人以上が自らを燃やし、中国共産党によるチベット弾圧の悲劇を世界に訴え続けてきました。ですが、世界的にはチベット問題対する関心は依然と低く、チベットの状況はますます厳しくなりました。

特に習近平政権下で三大酷吏の筆頭の陳全国がチベット自治区の書記であった2011年から2016年の間に寺院管理が徹底されました。寺院では共産主義の学習が一定時間義務付けられ、伝統行事も僧侶の数も大きく制限されました。寺院内に派出所が置かれ、大型寺院近くには武装警察キャンプが置かれるようになりました。もちろん僧侶の姿をした警官や兵士も寺院内にいます。

また、チベットにも「再教育施設」が設置されており、僧侶やチベット人知識人が収容され、拷問や性虐待、政治洗脳などが行われていると、ダラムサラの「チベット人権と民主センター」のリポートにあります。特に尼僧に対しては信仰心を破壊し世俗化させるために性虐待、レイプを行う手法がとられているといいます。

チベット人はウイグル人に比べておとなしいように見えますが、それはダラムサラのダライ・ラマ14世が中道路線と非暴力を訴えているからです。ダライ・ラマ14世は2011年に政治的引退を宣言していますが、今もチベット仏教の精神的支柱でありチベット人のスピリチャルリーダーであり続けています。多くのチベット人が中国共産党に抵抗したいと思っていても、ダライ・ラマ14世が中国共産党との話し合いで調和の道を探る中道路線を訴えているのならば、と耐えている人も多いのです。

ですが、そのダライ・ラマ14世も2019年4月、肺感染症で入院するなど健康が思わしくありません。もし、ダライ・ラマ14世が入寂されたら、残されたチベット人たちはどうなるのでしょう。私は、ダライ・ラマ14世の入寂がきっかけで、チベット人たちの忍耐が切れるのではないか、あるいはそれを懸念しすぎる習近平政権が、先に今以上に徹底的なチベット弾圧を展開するのではないか、と心配でなりません。

ダライ・ラマ14世は転生しないと宣言していますが、中国はダライ・ラマ15世を自らの手で探し出し、あるいはでっち上げて育て、チベット仏教そのものを中国化しようと試みるでしょう。

そのような宗教への冒瀆（ぼうとく）が行われたとき、これまでおとなしかったチベット人も立ち上がるかもしれません。チベット人は700万人程度と、決しておおきな人口ではありませんが、ウイグル人やモンゴル人ら、やはり自治と独立を望む人々が一斉に連動して蜂起し始めたら、制度疲労を起こしかけている中国共産党体制の屋台骨が揺らぐかもしれません。

キリスト教弾圧

もう一つ、習近平が目の敵にして弾圧している宗教に、キリスト教があります。習近平政権は2018年9月にバチカンと司教任命権をめぐる対立について歴史的合意（暫定合意）をして、あたかも2019年にも中国とバチカンの国交が回復するような予測もあります。

キリスト教を弾圧するような中国と、バチカンが本当に国交を持てるのでしょうか。バチカンは中国でカトリックを広く布教したいと考えているようですが、中国はキリスト教も〝中国化〟したいと考えているのです。むしろ、バチカンは中国に譲歩し、妥協し、利用されるのではないか、という懸念を持つ人たちもいます。

なぜなら、暫定合意したのちの2018年12月、バチカンは中国福建省閩東教区の地下教会司教だった郭希錦を同地区の政府公認教会の副司教にしたのです。司教の地位は北京当局の任命した司教、詹思禄に譲られました。郭希錦はバチカンが任命した司教であり、長らく中国当局はその地位を承認してきませんでした。

地下教会司教として過去に何度も拘束、訊問され、虐待され、バチカンと中国が司教任命権をめぐる交渉を水面下で行っていた最中の2018年3月にも、地元警察に身柄を拘束されていました。

バチカンと中国が9月に司教任命権問題で〝暫定合意〟に至り、中国当局が勝手に任命し、バチカンから破門されていた7人の司教に対して破門を取り消しましたが、まさか地下教会の司教を政府公認教会の司教の下につけることに同意するほどに、中国のいいなりになるとは誰も思っていなかったので、このニュースは宗教界に大きなショックを与えました。

郭希錦はバチカンの判断に従う意思をすでに表明しており、12月14日までに、北京の釣魚台国賓館で、バチカンから派遣された代表団とともに詹思禄と面会、譲位式が執り行われました。

よりショックであったのは、習近平政権下のカトリックを含むキリスト教弾圧は文革以降過去最悪といわれる苛酷さで、それにバチカン側がほとんど何も言及していないことでした。

最近起きたキリスト教弾圧を振り返ってみましょう。

四川省成都の秋雨聖約教会が、２０１８年12月に大弾圧にあっています。この教会はカトリックではなく、カルバン派の牧師、王怡（おうい）が指導者で、２００５年に創立。王怡が妻とともに逮捕されたほか、１００人以上の信者らが逮捕、拘束され、国際社会も大いに注目していました。

この一斉拘束の際、非暴力を掲げる信者たちに警察は武器を使って威嚇（いかく）しており、まさに羊の群れに躍り込んだ狼の様相であったとか。45歳の王怡は政権転覆罪で起訴される可能性があり、有罪判決が出れば懲役15年の刑が科される可能性が指摘されています。彼は決して反政府的な人間でも過激宗教家でもなく、２００４年には中国で最も影響力のある公共知識人の一人として「南方人物週刊」に取り上げられていました。

２０１８年９月には北京の錫安（しおん）教会が取り壊されました。「民政部に登記のないまま、勝手に社会組織を名乗り活動を展開し、社会組織管理秩序を乱し、社会団体登記管理条例、違法民間組織取締り暫定弁法などの規定に違反」しているという理由です。

この教会は2007年に創立された北京最大の家庭教会で、もともと7つの礼拝堂を持ち毎週1500人が礼拝に参加していました。過去、何度も弾圧をうけ、潰されかけそうになりながらも熱心な信者たちに守られてきたのですが、2018年以降、周辺には顔認証監視カメラが設置され、教会内にも盗聴器が仕掛けられ、監視が強化されました。警察は牧師たちを個別に尋問してスパイがいるなどと吹き込んだり、家族が入院中の牧師に対して協力するならば万元単位の入院費を肩代わりしてやるといった買収を仕掛け、揺さぶりをかけていました。

4月以来、9月までに7つの礼拝堂のうち6つが閉鎖に追い込まれ、9月9日には最後に残った礼拝堂に警察官70人が踏み込み、教会や牧師の個人所有物を押収、強制立ち退きを行いました。指導牧師の金明日は「教会に物件を貸していた家主が政府から強い圧力を受けて、契約を中止したいと頼んできたので、我々は閉鎖せざるをえない。だが新しい場所を借りることはもう不可能だろう」と語っています。

このほか2018年2月以降、浙江省や河南省の家庭教会や地下教会の弾圧、閉鎖が続いています。河南省南陽市で10年の歴史をもつ光彩キリスト教会は9月、警察が突然やってきて教会の十字架を撤去、聖書その他の教会の所有物を押収し、絵画や設備の破壊を行いました。河南には500〜600万人のキリスト教徒がおり、光彩教会はその信仰の中心地の一つでした。河南では家庭教会だけでなく、政府公認の三自愛国系の教会ですら十字架撤去を強制されています。

在米華人キリスト教支援組織の「対華援助教会」の調べによれば、2017年の一年間で、中国国内で宗教的迫害を受けた人数は22万人。これは2016年の3倍半増で、文革以来最も宗教弾圧の厳しい時代であるというのは間違いなさそうです。

習近平政権がキリスト教弾圧をエスカレートさせているのは、キリスト教徒が急速に増えているからです。2010年の社会科学院のリポートによれば中国のキリスト教徒は2300万人。2018年4月に発表された宗教白書によればそれが3800万人以上。10年にも満たない時間で65%の増加で、中国共産党員が増えるよりもよっぽど多い。この数字は非公認教会の信者の数字を入れていないので、全体では1億人近いのではないか、という推計もあります。つまり、中国共産党9000万人より巨大な勢力なのです。

ＲＦＡ（ラジオ・フリー・アジア）が秋雨教会の大弾圧後、米国のキリスト教系ＮＧＯ対華援助協会の責任者である牧師、傅希秋（でんきしゅう）にインタビューしていました。

傅希秋は、「〝習皇帝〟の統治下では、キリスト教の中国化、宗教の中国化が叫ばれている。主な目的は中国共産党がすべての宗教組織および独立傾向の強い宗教団体及び個人を絶対的にコントロールすることだ。（２０１５年の）浙江省の強制十字架取り壊し事件などが起きたあたりから、中国共産党内部文書で〝キリスト教の増長と過熱的発展を抑制する〟ことが目的だと通達されている」と語っています。

キリスト教の発展の背景は、傅希秋によれば、〝中国共産党の暗黒政治、マルクス主義や無神論思想の破綻〟が原因のようです。中国共産党体制のもと唯物主義、拝金主義がはびこり、人々の道徳や誠実さの水準が地に落ちたとき、人々が信仰を求めたのです。それがある人にとってはキリスト教であり、またある人にとってはイスラム教であり、チベット仏教や仏教であったということでしょう。

実はこの十数年の間は孔子ブームも起きていて、毛沢東時代に批判し倒した孔子を中国伝統の文化として再評価し、道徳や礼節を取り戻そうという運動も展開されています。

ですが儒教文明の基本は農業社会の価値観にあって、現代の産業化社会には合いませんでした。都市の知識文化人にはキリスト教が一番合っていたようです。こう教えてくれたのは、私が北京駐在中（２００２〜０８年）に、宗教取材に協力してくれた作家であり敬虔なキリスト教徒で、家庭教会の主催者の一人でもあった余傑さんです。彼はその後、中国共産党に拘束され、ひどい拷問を受けましたが、国際社会の支援で米国に亡命することができました。

私が北京に駐在していたころは、確かに家庭教会はさまざまな迫害を受けていましたが、家庭教会信者は非暴力で自己主張も強くないので、中国社会に静かに根を張り、広がっていました。まさか、今日のように暴力的な手段で、人々の信仰が剥奪されるとは、当時は考えてもいませんでした。しかも、それがバチカンと中国の国交正常化が秒読みといわれる状況下で行われるとは。

余傑

先師孔子行教像

孔子

習近平の宗教政策とは、公認宗教は完璧に中国化して管理・コントロールし、非公認宗教を殲滅し、中国共産党が管理・コントロールできないものを一切許さない、という方針なのだと思います。

となると、バチカンと国交が回復しても、本当のカトリックが中国で布教されることにはならないかもしれません。

閩東教区に倣って、各教区では公認教会のもとに下るのが、バチカンの指示であるという解釈が広がっています。

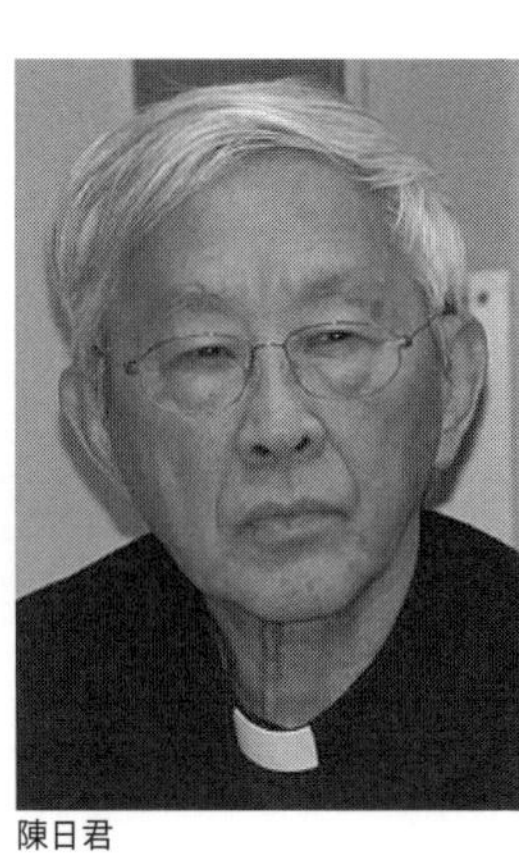
陳日君

これを「バチカンの指示」として受け入れた寧夏教区の地下教会の神父・王沢義が公認教会に入ることを公表すると、同じ教会の同僚や信者たちから「軟弱者」「裏切り者」と批判を浴び、教会から離れた信者もかなりいたそうです。地下教会が分裂しかかっていることは、中国共産党の「宗教の力の淡化、宗教の中国化」という狙いに利することだと、危機感をもつ信者もいるそうです。
香港教区司教の陳日君は11月に突然、隠居宣言を行いました。86歳の彼はこれまでバチカンの親中路線に非常に危機感をもち、これを推し進めているバチカン・ナンバー2枢機卿のピエトロ・パロリンを名指しで批判してきました。でも、フランス宗教紙のインタビューで、彼は今後について、「同じ宗教間で戦うことはできない」と語り、修道院に籠って隠居生活を行うということです。

敬虔な信者たちの間にはこのように悲観論が広がっています。

ですが、世界宗教と呼ばれる、この長大な歴史をもつ信仰が本当に、誕生して100年程度の中国共産党にコントロールしきれるのでしょうか。

確かに、過去にドイツ・ナチスのアドルフ・ヒトラーはバチカンを利用し、ローマ教皇ピウス12世は結果的には、ユダヤ人虐殺を食い止められなかった教皇という汚名をかぶせられました。ですが、ヨハネ・パウロ2世は旧ソ連や東欧の民主化を後押しし、東西冷戦終結における重要な役割を担いました。

バチカンは、時代の節目節目で国際政治のギアチェンジの役割を担い、おそらく今もそれだけの影響力を持ちうる国家です。現ローマ教皇は2019年内に日本を訪問したいと言っているそうですが、中国との国交回復交渉の行方しだいでは、同じころに中国訪問を実現する可能性はゼロではないでしょう。

そうなったとき、非公認を含めて中国に住む億単位のキリスト教信者の心にどのようなインパクトを与えるかが、私は中国共産党にとっての「乱」になりうる気もするのです。

仏教の堕落

仏教の問題も深刻です。仏教の場合は腐敗がめだっています。中国共産党の宗教の中国化には、宗教の世俗化も含まれているので、実は宗教界の腐敗も、中国共産党による一つの迫害の形かもしれません。

中国仏教の腐敗を象徴する事件としては、喫緊では、中国仏教協会会長であった龍泉寺住職の釈学誠（しゃくがくせい）の尼僧たちに対する性虐待スキャンダルが有名でしょう。

このスキャンダルが暴露されたために、釈学誠は8月15日に中国仏教協会会長を辞職、全国政治協商委員（日本の参議院議員に相当）、龍泉寺住職といった公的役職はすべて辞任させられました。しかし、スキャンダル発覚から半年近くたった今なお、司法機関に送致される気配も、公式の処罰も発表されていません。それは釈学誠は習近平と関係が深いからだといわれています。

宗教の自由が根本的に認められていない中国で、仏教界では政治権力と癒着する〝政治和尚〟が実は頻繁に登場しています。彼らはスキャンダルが暴かれても、裁かれないのです。それは中国の宗教政策自体が、宗教の世俗化を奨励しているからでしょう。

学誠の事件についてもう少し詳しく紹介したいと思います。

学誠は１９６６年10月、福建省生まれ。祖母が出家しており仏教の信心深い両親のもとで育ち、幼いころから経文を暗唱するなど仏教に傾倒していました。

16歳で反対する両親を説得して出家、その後中国仏学院に進学し、四川省成都の文珠院の寛霖大和尚から三壇大戒を受け、１９８８年暮れの福建省莆田広化寺住職引退に伴って、若き住職に推挙されました。当時23歳、全中国名刹寺院の住職のなかで最も若く学歴が高いインテリ僧侶と話題になりました。

25歳で福建省仏学院の副院長となり、中国仏教協会の副秘書長、福建仏学院院長、福建仏教協会会長、全国政治協商委員会委員、陝西省法門寺住職、中国仏教協会副会長を歴任、頭角を現していきます。２００５年に北京龍泉寺住職となりました。

釈学誠

多言語を操る国際派で、タイのチュラロンコン仏教大学で教育行政の博士号、全印比丘サンガ会の三増大法師博士号を取得、バングラディシュのアティーシャ大師平和金賞なども受賞。2009年から微博（ウェイボー）（中国のSNS）で発信する多言語の説法も人気を博し、2015年に中国仏教界のトップである中国仏教協会会長に就任しました。

その国際派のインテリ僧侶が尼僧を集めてハーレムを作ろうとしていた、と2018年8月1日、龍泉寺の幹部であった尼僧2人、釈賢佳（しゃくけんか）、釈賢啓（しゃくけんけい）に告発されました。ネットにあげられたA4用紙で95ページに亘る告発文によれば、学誠によって少なくとも6人の尼僧が性虐待を受けていたそうです。

告発の内容を少し紹介しましょう。

2017年12月、龍泉寺に属する極楽寺で出家した尼僧Aは、外国語習得のために学誠が運営する僧団宿舎・北京精学舎に召集されたが、そこで学誠から執拗に性関係を迫られ続け、悩んだ末に賢啓に相談した。そこで証拠として提示されたSNSのメッセージには、「師父（学誠）に身も心も預けなければならない」「お前の手を撫（な）でたい」「お前の顔を撫でたい」「乳房を撫でてもよいか」「セックスしたい」「キスするよ」といった卑猥（ひわい）な言葉が並んでいた。尼僧Aが混乱して「これはチベット仏教の双人密修とどこが違うのか」「そんなことを言われて苦痛で、怖い」などと拒否すると「無理強いはしない」「ならば、勝手にするがいい」といった、突き放すような言葉で応酬されている。尼僧は「信仰の基礎が揺らいでしまった」と精神的ショックを訴えていた。賢啓の手助けで尼僧Aは精学舎から離脱でき、帰郷したが、その後、うつ病などに悩まされている。

賢啓が尼僧A以外にも被害者がいるのではないかと調べたところ、2017年12月から18年2月までの間で、少なくとも6人がこのようなスマホのメッセージを通じて学誠から性関係を迫られ、そのうち4人が学誠と争うことを恐れて、あるいは信仰を極めるためには必要だと考えて、その要求に応じていたことがわかった。ある尼僧は「800字でセックスの描写を書いて送れ」と命じられ、ポルノまがいの卑猥な文章を書かされた上で、「どんな感じだ？」「濡れてきたか？」と尋ねられ、あまり濡れていないと答えると、あたかも修行が足りていない、というような口調で説教をされ、尼僧から「さらに師父の教えを請いたい」などと言わせていた。なかには学位論文に対する幇助（ほうじょ）を引き換えに性関係を迫っていたケースもあった。性関係に陥った尼僧のなかには、すでに学誠に性依存していることが疑われるケースもあった。
6月25日になって、別の尼僧が賢佳ら龍泉寺執事5人に対して、自分ともう一人別の尼僧が学誠から性虐待を受けていると直訴してきた。これを受けて6月29日に、賢佳、賢啓らは北京市海淀区の公安警察派出所に学誠による性虐待事件として届け出た。

告発文によれば、そもそも男性僧侶には女性の弟子を取ることはできないことになっているそうです。女性の出家は尼寺で行われなければならず、出家してから2年の間、戒律を破らなかったものだけが比丘尼(びくに)戒を受けることができます。剃髪(ていはつ)も授戒もよほどの事情がないかぎり女性の比丘尼が行わなければならないのです。ですが学誠は、2013年に極楽寺という尼寺を作り、そこに比丘尼を自分の代行として派遣して自分の代わりに7人の女性出家希望者に対し剃髪し、その半年ほどで授戒申請に書き込む出家年数をごまかして授戒させていたそうです。事実上、偽比丘尼を作っていたのだと告発文は指摘しています。出家させた女性は年々増え、その数は2017年までに累計250人近くにのぼりました。

学誠は尼僧によるハーレムを作ろうとしていたのです。

女性出家者は比丘尼戒を受ける前に、まず僧団と称される学誠の直轄組織に送り込まれ研修を受けさせられますが、そこで師父（学誠）と僧団に従順であることこそ信仰に一番必要であると徹底的に洗脳されました。さらに尼僧たちは家族と連絡をほとんどとれず、ネットと携帯電話利用も厳しく制限され、外出もままならず社会と断絶された環境で、ひたすら学誠に従順であることを強要されていました。尼僧たちの身分証明書、パスポート、学位証明書なども学誠が管理し、個人の資産も出家前に全部、僧団に寄付するよう求められ、生活必需品のすべてを僧団から支給されるようになっていました。

また尼僧たちは寺院内での勤労、勤行、学習、討論といった活動に参加することが義務付けられ、ノルマに達せないときは厳しい罰則もありました。こうして社会から断絶され孤独に陥った尼僧たちに対してＳＮＳで性的に刺激し籠絡（ろうらく）し、性的快楽を覚えさせ、自分だけに性依存させていこうとしていたようです。

告発文はこうした尼僧たちへの支配のほかに、龍泉寺の汚職疑惑も指摘しています。たとえば、龍泉寺周辺には寺院の関連施設がいくつも建設されていますが、それらが国土資源庁の正式な許可を経ていない上、工事は在家の弟子たちや僧侶にボランティアで行わせた違法建築である疑いがあります。素人によるこうした建設工事中の人身事故が何件もおき、死者や指を切断するなどの負傷者が出ていました。しかも、この工事の総工費には数億元にのぼる檀家からの寄付が投じられていたそうです。

こうして新しく造られた三慧堂（さんけいどう）に収める仏像購入のために、2015年に檀家から1200万元の寄付が緊急に集められましたが、結局、仏像は購入されておらず、その1200万元の行方は不明。その後、約1000万元が龍泉寺から分院を経由して、個人の銀行口座に4回に分けて振り込まれていることが判明しました。そのほか、龍泉寺の資金が、僧団によって私物化されていることなどが告発されています。

こうした告発が出た翌日、龍泉寺は反駁（はんばく）の声明をネット上に発表しましたが、世論が騒いだので国家宗教局は龍泉寺について刑事捜査が開始したことを発表。その月のうちに学誠は公職をことごとく追われることになりました。

学誠のスキャンダルは欧米メディアも「袈裟（けさ）をまとった悪魔」などと報じ、国際社会に知れ渡りましたが、結局、学誠事件は立件もされませんでした。学誠はスキャンダル発覚後、福建省の莆田（ほでん）の禅寺に移送され、閉門過思（閉門蟄居（ちっきょ））という名目で、悠々自適に暮らしているようです。

　この寛大な処分は習近平自らが決めたそうで、習近平が「努力懺悔の余生を安らかに過ごさせよ」と命じたとか。習近平は福建省省長時代から学誠と昵懇であったらしいのです。学誠の中国仏教協会会長就任も習近平が後押ししたという説があります。

　習近平肝入りの「宗教の中国化」とは、宗教界を含む文化界エリートに対する党による統制を強化するのが狙いで、統戦部下に宗教局を置いたのは、宗教の国際交流を通じた中国共産党の影響力拡大を狙ったものともいわれています。国際派の学誠の活躍は、まさに習近平の宗教政策を体現したものでした。

　特に最近は若者の仏教ブームのせいもあって、信者も急増中でした。玄奘三蔵といった歴史的スターを擁する中国仏教は、国際社会から憧れと尊敬も得やすく、国際社会への発信力・発言力も強い。だからこそ、中国共産党は仏教界へのコントロールを強化し、強化した分、より多くの利権供与があり、〝政治和尚〟と呼ばれる中国共産党に従順で権力と金にまみれた僧侶が生まれやすい土壌ができていたのだと思います。

玄奘三蔵

釈永信 ©AP/アフロ

〝政治和尚〟たちは、「習近平は菩薩の化身」などと発言する代わりに、多少の乱行、腐敗を黙認されてきました。たとえば、愛人、横領、収賄スキャンダルを弟子から暴露された少林寺住職・釈永信（中国仏教協会副会長）も、今に至るまで失脚していません。

少林寺は中国共産党が宗教活動現場で国旗を掲揚しなくてはならないという決定を2018年7月にして以降、率先して国旗掲揚式を開き、恥ずかしいまでに習近平政権にすり寄っているからだといわれています。

近年は〝仏教版一帯一路〟ともいえる中国主導の仏教界国際交流を進めていることもあって、釈永信や学誠のような国際派でビジネスセンスに長けたインテリの僧侶は優遇されてきたのでした。

ですが教義を守るより中国共産党への媚びを優先させる宗教人に宗教的良心や自分を律する厳しさがあるわけはなく、中国共産党が宗教へのコントロールを厳格にするほど、聖職者は欲望のコントロールが不能になっていきます。

中国共産党は宗教を恐れ続ける

中国共産党がこのように完全に宗教を管理しコントロールしようと考えるのは、それだけ宗教を恐れているからです。

中国の歴史を振り返れば、王朝の転換期には必ずといっていいほど新興信仰が急速に広がりました。

後漢末期に起きた黄巾(こうきん)の乱は太平道という新興宗教によって結束した農民の反乱でした。元末期の農民反乱、紅巾(こうきん)の乱は白蓮教を紐帯(ちゅうたい)としていました。清朝を弱体化させた太平天国の乱は拝上帝会(はいじょうていかい)というキリスト教信仰が農民反乱軍のよりどころでした。清朝末期に排外運動を各地で起こした義和団は白蓮教の一派ともいえる宗教結社で、彼らの蜂起に押されて清朝政府は列強との戦争を始めました。

宗教は個々の人々を結束させ、命すら捨てさせる勇気を与えます。

現世に不満を抱く人々に来世の幸せを約束するものもあります。大衆の現世政治に対する個々の不満を大きな変革の波にする力があり、これが末期を迎えていた政治体制、王朝に止めを刺すのです。

そう考えれば、中華民国を追い出し中国人民共和国を打ち建てた中国共産党自身も一種の宗教結社みたいなものかもしれません。共産主義というのは、資本主義の発達のなかで朽ち始めたキリスト教的価値観に失望した人々が見出した新たな精神的よりどころ、という意味では信仰に近いかもしれません。

毛沢東はその共産主義思想を中国人が受け入れやすいように、中華思想に適応するように翻案して、中国の農民に広めた教祖のような存在といえるかもしれません。

太平天国の乱

しかし、毛沢東を神とした中国共産党の輝きは、もうずいぶん前から失われており、体制の金属疲労が極限に来ているというか中国共産党王朝の寿命が尽きかけている。そういうときに、中国共産党体制に止めを刺すかもしれないのが、別の信仰の台頭なのです。

それは世界で急速に信者を増やし、しかも信仰を守り、広めるためならば命がけで活動することを肯定するイスラム教かもしれませんし、中国においていずれ世界最大人口を抱えるキリスト教かもしれない、と習近平は今、脅えているのです。

ですが、習近平がこの脅えを解消するために取った宗教政策は間違いだと、私は思っています。信仰というのは抑えつければ抑えつけるほど、弾圧すれば弾圧するほど、強く鍛えられ輝くものだからです。キリスト教がいったい過去にどれほどの弾圧を受けてきたか、イスラム教がどれほどの聖戦を経験してきたか。どちらの宗教も中国共産党が指導下におけるほど、やわな信仰ではないでしょう。

一方、共産主義・社会主義は今や世界では完全に否定され、ほぼ忘れさられています。歴史がそれらを欠陥品だとして否定したのです。

中国の共産主義がいまだ強い支配力を仮にも維持できているのは、あれはオリジナルの共産主義ではなく、毛沢東が中国化し、中国用にカスタマイズしたものだからでしょう。共産主義・社会主義は比較的新興の思想で、歴史の試練にさほどさらされていなかったから、毛沢東のような人物であれば中国化でき、自分がその神になって中国中に浸透させることができたのです。

ですがそれは、思想としても信仰としても〝まがい物〟です。今、中国共産党員で、本当に思想や信念としてマルクス・レーニン主義を信望している人がどれほどいるのか。多くの中国共産党員は、中国共産党を出世やビジネス、処世術に利用するだけのものだとしか考えていません。

ですから、中国共産党が、三大世界宗教を完全に中国化することなど無理だと思うのです。むしろ信仰などなく、直面する不安や不満を前に方向感覚を見失っている中国共産党の方が、中国に急速に浸透している宗教に飲み込まれる可能性の方が大きいのではないでしょうか。

きっかけは何になるのか。イスラム教を紐帯とした民族蜂起かもしれませんし、ローマ教皇の訪中かもしれません。いずれにしろ、中国の王朝転換に宗教が大きな役割を果たすという歴史的ジンクスに沿うような形で、今の情勢は動いていると思います。

台湾有事と香港スキャンダル

危うい台湾政策

2019年には、台湾有事が起こるかもしれません。

習近平が年初の「台湾同胞に告げる書」40周年記念行事で発表した台湾政策を聞いたとき、私はそう思いました。恫喝を交えながら一国二制度による「平和統一」を台湾政府に迫る内容でした。もちろん、江沢民の台湾政策（江八点）の方が、武力統一を強調していたという意見はあるでしょう。ですが、江沢民は「できるだけ早く」といった抽象的な期限しか言っていません。習近平の演説には、あきらかに自分の代で台湾との統一を実現するという強い意思が感じられ、しかもそれをやりかねない中国内外の情勢も見てとれるので、怖く感じました。

習近平政権の任期はひとまず2022年までですが、2020年1月には台湾の総統選があり、秋にはアメリカの大統領選もあります。また、バチカンが台湾と断交して中国に乗り換えるなどの国際環境の変化もあるかもしれません。台湾総統選の前の2019年暮れはものすごく緊張が高まるのではないでしょうか。

この脅迫めいた呼びかけに蔡英文総統はきっぱりと反論し、はっきり「92年コンセンサス」を認めない立場を強調しました。おかげで、２０１８年の統一地方選の惨敗で、党内外から批判を受けていた蔡英文政権はすこしだけ支持率が盛り返し、２０２０年の総統選も戦う意思を示すようになりました。やはり恫喝は台湾人の反感しか呼び起こさないのです。ですが、蔡英文政権の支持率が上がると、中国との対立姿勢がなおさら先鋭化してくるでしょう。しかも米国も台湾に急接近しています。中国内政・経済の問題も２０１９年には表面化してきて、習近平がその責任をめぐって党中央内で立場をなくしそうなほど批判の集中砲火を浴びることになれば、台湾統一でもしないことには、習近平の権力集中は維持できないかもしれません。２０１９年、台湾問題はどうころんでも何かが起きるかもしれない、という予感に満ちています。

蔡英文

では、習近平の台湾政策とはどういったものなのでしょう。

まず1月2日の「台湾同胞に告げる書」40周年記念日のもとになった文書は、１９７９年1月に鄧小平が発表した国共内戦後初めて中華民国に対し軍事的対峙を終結

台湾海峡危機（一江山島を占領する人民解放軍）

江沢民

させ平和統一を呼びかけた文書です。それ以来、歴代指導者は必ず任期中に自分なりの台湾政策を発表するのが慣例になりました。

１９８１年、全人代常務委員長だった葉剣英が発表した「台湾平和統一に関する九条方針政策」（葉九条）や１９８３年に発表された鄧小平の６つの主張（鄧六条）、１９９５年に江沢民が発表した「祖国統一大事業促進を完成し奮闘を継続する」ための８項目（江八点）、２００８年暮れに胡錦濤が発表した「手を取り合って両岸の平和的発展を推進し、中華民族の偉大なる復興を一緒に実現する」ための６項目（胡六点）、といった具合いです。

なかでも江沢民の「江八点」は武力行使の選択肢を放棄しないことを強調し、台湾に対してかなり恫喝めいた内容になっています。当時の台湾総統・李登輝が両岸の政治分離の現実や民主促進など６つの主張を含む反論（李六点）を発表し、これに怒った江沢民が武力威嚇姿勢を打ち出して台湾海峡危機を引き起こしました。ですがこのとき米空母艦群が台湾海峡に入り、解放軍は何もできないまま事態は収束されました。

江沢民の台湾恫喝戦略の失敗をみた胡錦濤は、「胡六点」で両岸の平和的発展に重点を置き、台湾の現実を考慮した対話や融和政策を呼びかけました。胡錦濤政権は台湾が独立を宣言した場合に非平和的手段を取ることを合法化する「反分裂国家法」（２００５年）を制定しています。だから対台湾強硬派だろう、という人もいます。ですが、この反分裂国家法の成立背景をみると、当時の陳水扁（ちんすいへん）政権に独立宣言をさせないことを主な目的としており、本当の狙いは現状維持であったとみられています。江沢民に比べると、大きく台湾融和政策に舵が切られました。

これはかなりうまくいき、親中派の馬英九（ばえいきゅう）政権を誕生させ、「統一」「武力」などという言葉を使わずとも、経済的に着実に、中国は台湾併呑（へいどん）のプロセスを進めることができました。振り返れば、胡錦濤政権時代が台湾人民の心を一番中国に引き寄せ、中台統一に現実味が出た時期でもあったと思います。

ところが、習近平はこの胡錦濤の台湾政策を踏襲しませんでした。もうすぐ台湾が併呑できる、と功を焦ったのかもしれません。胡錦濤政権時代にはほとんど使われなかった「台

ひまわり学生運動 ©ロイター/アフロ

湾統一」というスローガンを再び掲げるようになり、台湾の経済的な併呑をより確実なものにしようと、サービス貿易協定の調印と施行を馬英九政権に急がせました。こうした中国のあからさまな統一を急ぐ姿勢が、台湾の若者の危機感を目覚めさせることになりました。そうして起きたのが「ひまわり学生運動」です。

この習近平の失策が国民党の選挙惨敗を招き、蔡英文・民進党政権の誕生につながる話は、拙著『SEALDsと東アジア若者デモってなんだ！』（イースト新書）を参照してください。

蔡英文政権の登場は、習近平をさらに焦らせており、2019年の台湾政策（習五条）の発表になったのだと思います。

それは次のような内容です。

①平和統一の実現が目標。台湾同胞はみな正々堂々とした中国人で、ともに「中国の夢」を共有できる。台湾問題は民族の弱さが生んだもので「民族復興」によって終結する。

②一国二制度の台湾版を模索。「92年コンセンサス」と台湾独立反対という共同の政治基礎の上で、各政党各界の代表者と話し合いたい。
③一つの中国原則を堅持。中国人は中国人を攻撃しない。だが武力行使放棄は約束しない。外部勢力の干渉と少数の台湾独立派に対しては一切の必要な選択肢を留保する。
④経済融合を加速させる。両岸共同の市場、インフラ融合を進める。特に馬祖・金門島のインフラ一体化を推進。
⑤台湾同胞との心の絆を強化。台湾青年が祖国で夢を追い実現することを熱烈歓迎。

武力行使放棄を約束しないという恫喝表現をはじめ、「江八点」でも使われている表現が多いのですが、江八点よりも激しく感じられます。全体の文脈に、自分が権力の座にいるうちに何としても台湾を併合してみせるという意欲がにじんでいます。

たとえば前言で両岸関係を振り返るにあたって「70年来」つまり〝建国以来〟という表現を5回以上繰り返しているのですが、過去の指導者の台湾政策の流れにはほとんど触れず、自分の意志を強調し、いかにも自分こそが建国以来の中国人民の願いであった台湾統一を実現する当事者たらんという文脈で「祖国統一は必須で必然」と強く訴えています。

しかも習近平が2049年までに実現すると掲げている「中華民族の偉大なる復興」プロセスで、台湾同胞は欠くことができない、としています。「中華民族の偉大なる復興」は習近平個人独裁確立とセットで今世紀半ばまでに完成するとタイムテーブルが設定されているので、自分の任期中に台湾統一を実現させるという前提で話しているように聞こえます。

また「一国二制度」を台湾に適用する考えは鄧小平から受け継がれるものですが、鄧小平時代の「一国二制度」と今の「一国二制度」はかなり意味が違うのです。

鄧小平は資本主義と社会主義、二つの異なる政治・経済システムを一つの国家で併存させて運用する、というつもりで「一国二制度」という言葉を使っています。ですが、習近平が使う「一国二制度」は、今の香港の現状をみれば、そういう意味にはなっていません。

香港はほとんど完全に中国化され、司法の独立も経済の自由も「中国共産党の指導の下」という枠組みの制限がついています。中国共産党が許す範囲の司法の独立であり経済の自由なのです。それは中国国内で使われる自治区も同じで、建国当初、自治区が誕生したときは、民族自決が建前としてありました。中国が東トルキスタンやチベットを征服できたのは、ウイグル人やチベット人に共産主義革命に共鳴する協力者がいたからこそですが、彼らはレーニンの民族自決論に共鳴していたのです。結果として、中国共産党は民族自決どころか民族そのものを中国化することで消し去ろうとしていますし、自治区の意味など雲散霧消しています。

なので、習近平がいくら「統一後の台湾同胞の私有財産や宗教信仰、合法権益は十分に保障する」と言っても、それが嘘であることは香港の例を見ればすぐにわかるわけです。また江沢民も使った「中国人は中国人を攻撃しない」という表現も、台湾人自身の過半数から8割前後が「自分は台湾人であって中国人ではない」というアイデンティティを持っている現状では、台湾にとって何の安全担保にもなりません。むしろ「中国人は中国人を攻撃しないが、台湾人ならば攻撃する」というニュアンスすら感じます。

習近平が打ち出した台湾政策は、表現こそ「江八点」と共通点が多いのですが、全体としては、過去にないほど本気で台湾を恫喝しているのです。さらに言えば江八点が発表されたときの台湾は、稀代の老獪（ろうかい）な政治家、李登輝が国民党現役総統の時代でした。李登輝VS.江沢民であれば、政治家の力量とすれば間違いなく李登輝が上です。実際に台湾海峡危機が起きたとき、李登輝政権は堂々と張り合い、そして外交的に勝利しました。今の蔡英文総統は傍目（はため）からみても当時の李登輝総統に遠く及びません。しかも今の中国は江沢民時代より軍事的にも経済規模としてもずっと強大になっています。台湾にしてみれば、中国が本気で統一に動き始めたと感じるのではないでしょうか。

この「習五条」に対して即日、蔡英文政権は毅然と反論し、明確に「一国二制度は絶対に受け入れられないことは台湾の共通認識」と拒否し、92年コンセンサスについて「終始認めたことはない」との立場を久々に言明しました。さらに台湾の人材、資本を大陸に吸収するような中国利益のための経済統合に反対し、台湾ファーストの経済路線を主張。国際企業に「台湾」名称を使うなと圧力をかけたり、台湾の友好国に札束で断交を迫るやり方を批判し、「どの口で〝台湾同胞と心の絆〟とか言うのか」と言わんばかりの拒絶を示しました。

また「民主的価値は台湾人民が非常に大切にしている価値と生活様式」「大陸も民主の一歩を勇気をもって踏み出したらどうか」と呼びかけ、中国が民主化しない限り統一はありえない、という姿勢をはっきりさせました。

蔡英文は今までは現状維持を心掛けるあまり、中国に対する姿勢は慎重になりすぎた傾向があり、そのせいもあって昨年の台湾統一地方選挙で与党惨敗の結果を招いたとして党首職を引責辞任しましたが、習近平の恫喝的な台湾政策にきっちり反論できたおかげで、多少は失地挽回できたように思います。それでも2020年の総統再選の目は今のところ難しく、民進党内の団結も揺らいでいるのですが。

習近平は本気で台湾侵攻の選択肢を念頭に置いているのでしょうか。私はその可能性を笑い飛ばしてはいけない、と思っています。

「習五条」を発表した2日後の中央軍事工作会議では「軍事闘争準備」を呼び掛けています。

実際に、中国が台湾に対して武力統一を行使する能力があるかどうか、といえば、単に台湾だけが相手であれば、解放軍実力が圧倒しています。国民党軍内部には解放軍の内通者も潜伏しているといわれていますし、解放軍の王洪光（おうこうこう）中将（元南京軍区指令）が「3日以内で攻略できる」と中国国内で宣伝しているのもあながちホラ話とも言えないと思います。

ですが米国が台湾の民主主義と独立性を守ることが自国の利益であると考えている以上、台湾に手を出せば米中戦争に発展しかねません。その上で中国に今、米国と本気で戦える意思や能力があるかといえば、ほとんどの人がないと言うでしょう。だから、可能性としては非常に低いのです。

ただ、米国防情報局（DIA）が発表した「2019年中国軍事パワー」リポートでは、「中国の巡行ミサイルなど打撃兵器はすでに米国など西側先進国と同水準」「中国の兵器システムの一部の領域は世界最先端水準」「解放軍は自軍の戦闘能力に自信を深めており、最終的には中国指導部に部分戦争を発動する冒険を侵させうる」といった分析を出していま す。この場合の「部分戦争」として一番想定されるのが台湾でしょう。リポートは台湾を想定して書かれていると思います。

実際、このリポートに関して関係者がAFP（フランス通信社）などによせたコメントのなかには「最大の心配は、中国が技術的成熟や軍制改革の実施を行い、解放軍の実力を理解してきたとき、中国が一つの臨界点に達すれば、軍事力の使用で地域の衝突問題を解決しようとすることがありうること」「北京の解放軍実力に対する自信の度合いによっては、軍事力による台湾統一という選択肢を取らせる可能性がある」というものがあります。

米国防省関係者のなかには中国による台湾有事を現実感をもって予想している人もいるのです。だからこそ、米国は台湾に急接近しているのでしょう。

しかも、習近平は「第二章」で述べたように、コンプレックスが強く、プライドが高いという面倒な性格で、意外に国際情勢や国内問題に無知なのです。しかも周囲に信じられる人もいなければ、真面目に人の意見を聞くタイプでもないようです。ですから、米国が台湾に急接近すれば、むしろ、米国との対立を避けようと慎重になるより、強気に出てくると思うのです。「21世紀半ばまでに中華民族の偉大なる復興を実現するのだ」とぶち上げる習近平が、米国の恫喝的外交、特に台湾をめぐる問題で妥協しては、権力の正統性を維持することは不可能です。

自分が失脚するくらいなら、負ける可能性があっても戦争の一つくらいやってしまう、そういう危うさを習近平には感じます。台湾に直接攻め込むことが難しいと考えれば、台湾が実効支配している太平島を、他の南シナ海の島嶼と同じような方法で台湾から実効支配権を奪おうとするかもしれません。

一方、トランプも、何をやらかすかわからないマッドマンです。習近平を追いつめて暴発させてはならない、などと配慮するタイプではありません。ある日突然、前触れもなく台北を訪問する可能性だってゼロとはいえないでしょう。米国は台湾旅行法がすでに成立しているのです。習近平も人を挑発する性格ですから、台湾を挟んで米中のマッドマン同士がチキンレースを繰り広げるとしたら、台湾の人々はたまったものではありません。ですが、それは十分にありうる危機だと思います。

香港の中国化による暴発

台湾と並んで危ういのが香港です。

中国国務院は2019年2月28日に広東・香港・マカオ大ベイエリア発展計画要綱を発表しました。早い話が経済、金融、流通、サービスの一体化ですが、一国二制度というのは一応、法治システムも通貨も異なる体制です。中国政府はEUみたいなもの、と言いますが、EUは共通して民主主義の自由主義経済です。通貨だってユーロが共通しています。

香港は一応、三権分立の自由主義経済で法治と民主と自由の価値観をもつ地域です。広東省が中国内でも比較的開かれた地域だとはいえ、司法の独立もなければ市場も企業も厳しい中国共産党のコントロール下にあります。一体化を進めれば香港が中国化するのか、広東が香港化するのか。答えは今の香港をみれば明白です。香港は今、急速に中国化し、司法の独立も市場の自由も揺らいでいます。

2018年10月、私は所用で北京から香港に移動しました。そのとき、9月22日に開通したばかりの北京―香港直通高速鉄道に乗ったのです。香港から北京に戻るときは、やはり10月23日に開通したばかりの港珠澳大橋を通って、香港から珠海入りし、珠海からマカオ入りしてみました。実際、この直通ルートを通じて、香港に出入りしてみると、もはや香港は中国の一地方都市にすぎないことが実感されてしまいます。

北京―香港直通高速鉄道ですが、便利かどうかという点でいえば、なかなか便利です。北京西駅から香港西九龍駅まで所用時間約9時間。飛行機であれば4時間弱ですが、国際便扱いなので2時間前のチェックインにかかる時間や空港までの移動時間、そして飛行機にありがちな天候不順による遅れなどのロスを考えると、比較的時間通り運行される高速鉄道の方が楽かもしれません。しかも料金は一等席でも1724元、二等席は1077元と飛行機よりかなり安い。一等車では、飲み物は女性キャビンアテンダントがワゴンを押して無料でついでくれるなどのサービスもあり、席も左右二列ずつで広め。一席につき一つはコンセントもついているので、スマホやパソコンを使っての仕事も可能です。

この高速鉄道の特徴はパスポートコントロールが中国側・香港側とも西九龍駅内にある「一地両検式」であることです。これが便利だと感じるポイントで、待ち時間ほぼなしで10分もあれば、出境入境が完了します。ですが、香港のど真ん中の九龍で中国公安による出入境審査が行われるということ、これはまさに香港と中国が一体化しつつあることの象徴ともいえる仕組みです。

この便利さは生粋の香港人たちにとっては屈辱です。私の香港人の友人たちは、「一地両検方式」は、中国公安が香港域内で執法することを認めることであり、香港の核心的価値観である「法治」を蔑ろにしている、香港基本法に反する、と反発していました。

香港域内で、中国公安の執法行為を公式に認めることになれば、やがてなし崩し的に香港域内で中国公安が逮捕権を行使したりできるようになるのではないか。そもそも、銅鑼湾書店関係者拘束事件や大富豪・蕭建華失踪事件のように、中国公安が香港で隠密裏に「執法」したと疑われる例がすでに起きているのです。香港のど真ん中に中国公安が常駐し、高速鉄道さえ使えば30分で誰にも邪魔されずに広州に身柄を移送できるのだから、今後は香港から、中国当局に目をつけられた人が〝失踪〟しやすくなるのではないか、と脅えるわけです。


さらに言えば、この高速鉄道は衛星写真地図で見ると、そのまま解放軍香港駐留軍基地近くにまで伸びています。この高速鉄道が軍事戦略上の意図をもって建設されていることの証左だと、この高速鉄道計画に反対してきた香港の若者たちは主張しています。

実際、中国の高速鉄道が〝快速運兵〟を目的とした軍事インフラ建設の一環であることは周知の事実で、解放軍報でも「高速鉄道戦術訓練」についてはそれなりに詳細をもって報じられています。中国の高速鉄道は現在すでに２万５０００キロ。近い将来には３万キロに延びるのですが、北京―上海路線以外はほぼ赤字路線です。それでも高速鉄道インフラ建設を推進し続けるのは軍事利用目的だから利益の度外視が許されるのです。

この北京から続く広州―深圳―香港路線の開通式のときは、解放軍香港駐留部隊司令・譚(たん)本宏(ほんこう)も列席していました。抗議者が解放軍服コスプレをして抗議していたのも、この高鉄路線開通の目的が香港に対する軍事介入を想定したものだと受け止めていたからでしょう。

もう一つの香港・中国一体化の象徴である港珠澳大橋も軍の移動を想定されたものです。総工費２００億ドル、全長55キロ、世界一長い海上大橋は、３つの人工島築造と世界一長くて深いところに埋設された６・７キロに及ぶ海底トンネル工事を含めて計画から14年をかけて造られた中国の大国家プロジェクトです。１８０メートル（重さ８万トン）のパイプを海底40メートルに埋設する技術や、巨大口径パイプを差し込んで１００日余りで人工島を建設する築島技術は、もともと南シナ海に人工島や海底トンネルを建設するために研究されていた国産技術のようです。２０１７年３月までの７年に及ぶ工事期間に死者10人以上、600人以上の負傷者を出した難工事でも知られ、香港人たちからは〝血涙大橋〟などという不吉なあだ名もつけられていました。また国家一級保護動物の中華白海豚がこの工事により3分の1ほどに激減したともいわれています。

10月23日の開通式には習近平自らが臨みました。それほど、習近平はこの大橋の開通を重視していました。

話が少しずれますが、このときの習近平の南方視察は、鄧小平の南巡講話を上書きするためのものだとささやかれ、この開通式で改革開放40年目にちなんだ重要講話が発表されるのではと世界が注目していました。蓋をあけてみると重要講話は出ませんでした。党内で習近平を批判する声が高まってきたことや、マカオ中聯弁公室主任・鄭暁松の謎多き突然の自殺や、暗殺の噂などが、習近平の口をつぐませたのではないかといわれていました。

港珠澳大橋　©Imaginechina/アフロ

空港から出ている港珠澳大橋乗り合いタクシー（200元）に乗って、私もこの大橋を通過してみました。開通3日後であったので、さぞ〝おのぼりさん〟で混んでいるだろうと思いきや、ガラガラ。およそ45分ですんなりマカオと珠海の両方につながる人工島の通関センターに到着。通関センターもほとんど人気がなく、出会うのは公安部幹部の視察ツアーぐらいでした。通関センターでは香港、マカオ、珠海の「一地三検式」の出入境手続きが行われており、香港からマカオに行くのも、珠海に行くのも、珠海から香港やマカオに行くのも同センター内で手続きができ、非常にスピーディで、その移動時間の短縮と利便性に香港、マカオ、広東省の一体化は否が応でも実感させられました。

ですが、この大橋工事が投資規模や環境的人的犠牲の大きさに見合うような通行量や経済効果があるかというと、とてもそうは思えません。むしろ一国二制度三地の概念を一本の橋によって超えてみせよう、という象徴的な効果、政治的意義を主に狙っているのかもしれません。

こうした交通インフラの利便性の面からも、一国二制度の壁は消滅しつつあります。そもそも一国二制度で守られていたのは何であったか。かつては「港人治港」（香港人が香港を統治する）のフレーズで表現された「香港の主権」というものが存在していました。ですが、その「香港の主権」はすでにありません。実際、「主権」「自決」といった言葉はメディアなどで使われなくなってきました。

「香港主権」を声高に言えば、それは中国の主権を否定すると批判され、「香港自決」と言えば、中国の香港統治を否定しているのか、と難癖をつけられるようになってきたので、メディアや公式の場で発言する人は中国当局から目を付けられないように、そうした言葉を自粛するようになってきたそうです。劉小麗(りゅうしょうれい)は立法委員に当選後の2018年に、九龍西区の補選に民主派工党から出馬するのですが、立候補資格を剥奪されました。これも劉が政治信条に香港主権、主権在民と語ったためだといわれています。

香港大学学生会の刊行物『学苑』が高速鉄道の「一地両検」が中国による「香港主権」の侵略の先例となった、と書いたことを、親中派の香港文匯報(ぶんわいほう)によって「大学は独立派と手を結んで、学生に『起義』を扇動している」と猛攻撃している例などもあり、言論の自由は急速に狭められています。

言論の自由といえば、外国メディアに対する言論統制が香港で行われるようになったのもショックなことです。英国「フィナンシャルタイムズ」香港駐在記者であるビクター・マレットのジャーナリスト・ビザの更新を香港政府が拒否したことは、香港で中国並みの外国人記者に対するコントロールや取材介入が始まったことを意味します。マレットはFCC(外国人記者クラブ)の会長で、8月にFCCが主催する講演会講師に香港独立を主張する政治団体「香港民族党」の創設者・陳浩天を招いたことが、原因だと疑われています。香港民族党は7月に活動禁止を言い渡されていましたが、FCCとしてこうした人物を講演会のゲストに招いて、会員記者たちに取材機会を提供すること自体は、これまでの香港ならばなんら問題がなかったはずです。そもそも香港民族党の活動禁止措置は、香港が一国二制度で保障していたはずの「結社の自由」に反するという見方もあり、香港社会の利益を考えるなら、自由な論議を呼ぶ必要があるテーマでした。

もう一つ、懸念が深まっているのは、解放軍香港駐留部隊やマカオ駐留部隊の存在感の急速な拡大です。激しい台風が相次いだ２０１８年、香港の被害は甚大でした。10月13日、香港駐留部隊４００人が、台風22号で倒れた樹木などの撤去作業を「ボランティア」で行いました。

ありがたいと手放しで称賛できないのは、香港政府からの要請なしで、解放軍自身が判断して動いたからです。こんなことは１９９７年の中国への返還後初めてのことです。香港駐軍法の規定では、解放軍駐留部隊は香港の地方事務に干渉してはならないことになっていて、香港政府の要請に応じての活動ならいいのですが、そうでない場合は香港の主権を犯したといえます。しかも軍服着用での活動ですから、軍の任務として動いたわけです。

つまり香港政府を経由せずに解放軍が（おそらく北京の指示に従って）出動したわけで、香港人にしてみれば、これは軍が香港政府を無視してよいという前例になりかねない、と心配するでしょう。中国にすれば、軍事主権を握っているのは自分たちであるということを、この際はっきり示そうという魂胆なのかもしれませんが。

また10月20日から29日にマレーシアで行われた中国、マレーシア、タイの三国合同軍事演習「和平友誼（ゆうぎ）２０１８」に解放軍香港駐留部隊、マカオ駐留部隊が参加しました。香港駐留部隊が外国との軍事演習に参加するのは２０１６年に続いて2回目で、マカオ駐留部隊は初めてです。解放軍の公式説明によれば、香港・マカオの両駐留部隊は外国軍との連絡窓口に最適だそうです。注目すべきは、今回、この演習参加を名目に香港国際空港からの解放軍空軍機を利用した国外に向けて大量兵力輸送が返還後初めて行われたことです。

実は香港国際空港には軍事運輸センターはあります。ここは米軍機が領事館向けの物資輸送としてたまに利用していたぐらいでした。もともと啓徳国際空港にあった連合軍軍事運輸センター（旧英軍軍事運輸センター）が置き換わっただけのものだったからです。解放軍空軍がこれを利用したことはこれまでありませんでした。２０１６年に香港駐留部隊が三国軍事演習に参加するときは深圳国際空港を利用していました。

　こうした一連の解放軍の行動を、高速鉄道、大橋の開通とセットで考えると、まるで、中国側は香港での軍事行動が今後ありうる、と考えているようで、そこに不穏な空気を感じてしまいます。香港が独立分子や反体制派の抵抗運動の拠点となるなどと想定しているのではないか、そのときは、アンチテロを名目にした軍事行動をとるつもりでいるのではないか、と勘ぐってしまうのです。

　２０１５年に制作された香港の10年後を悲観的に描いたオムニバス形式のインディペンデント映画「十年」のなかに、香港の庶民たちがテロリストとして解放軍に弾圧されるシーンがありました。また、香港の市民が中国の謀略によってテロリストに仕立て上げられ、テロ事件を口実に香港に治安維持法が施行されるというシーンもありました。この映画は、香港人の若い人たちの間で、〝予言の映画〟ではないか、といわれています。

　となると、香港が直面している問題は、一国二制度が揺らいでいるとか、崩れたとか、地盤沈下して一地方都市に落ちぶれつつあるとか、そういう段階をすでに超えていると思うのです。香港の中国化により、香港の一部の人が排除されたり弾圧されたりするとき、彼らの抵抗運動が発火点となって何かが起きることを中国共産党内では想定している人がいて、実際に起こりうる要因がじわじわ増えているのではないでしょうか。

香港のスキャンダル爆弾

香港については、もう一つ〝乱の種〟があります。スキャンダルです。

全人代を目前にした2019年2月26日、香港成報の元社長の谷卓恒がツイッターでこんなコメントを出しました。「習近平ファミリーに対する腐敗状況について、これからゆっくり公開していく。習近平ファミリーの香港及び広東の資産状況全部を含めてね！　みんな目を拭いて待っていろ！」

「習近平ファミリーの腐敗は江沢民、朱鎔基、李鵬、胡錦濤、温家宝、曾慶紅ファミリーらをはるかに超える」「蕭建華事件が起きる前に、ある中国建設銀行（ＣＣＢ）のオフショア会社が、蕭が株を持つ秦川大地という会社の手に渡った。この会社の実際のオーナーは鄧家貴（習近平の義兄）。ＣＣＢは建銀国際（傘下の香港上場会社）経由で、直接間接的に香港と海外の総額一兆ドルを超える株式会社を持っていた。蕭建華が拉致されたあと、大公報が記事にしかけたが、中国共産党からの支持で口を閉じた」

蕭建華事件とは、2017年1月27日、香港セントラルの五つ星ホテル・フォーシーズンズホテルから、カナダ国籍ほかバルバドスの外交パスポートなど少なくとも3つのパスポートを保持している富豪の蕭建華が白昼堂々、拉致された事件です。頭に布をかぶせられ、車椅子に乗せられて車2台で連れ去られといった目撃証言がありますが、ホテルや香港警察が動かず、中国当局が北京に連行したものとみられています。

蕭建華は投資企業集団・明天系の創始者ですが、企業の微博オフィシャルアカウントも「外国で病気療養中」と嘘をついていました。

蕭建華は中国共産党幹部らのホワイト・グローブ（直接自分たちの手を汚さず白い手袋をして汚れ仕事を行う意）、つまり資金洗浄や資金移動などを代替する汚れ仕事を、投資のような合法行為にみせかけて請け負う企業家であり、習近平がなんらかのスキャンダルを抑え込むために身柄を抑えたのではないか、という憶測が流れました。

谷卓恒にはこの蕭建華事件直前に、違法資金調達事件の容疑者として逮捕状が出ています。ですが、彼はすでに米国に移住していました。２０１７年には中国から国際指名手配されました。それからしばらくは、沈黙していましたが、２０１９年2月26日以降、急に習近平攻撃に出ていたのです。

ラジオ・フリー・アジア（ＲＦＡ）の取材では、彼は２０１６年から米国で非営利調査機関に参加し、中国共産党政府の腐敗を暴こうと証拠集めをしていたそうです。すでに習近平ファミリーが香港の3000社のペーパーカンパニーを使って、資産を外国に移転している証拠をつかんだとか。

「習近平ファミリーは非常に腐敗しており、その大量の証拠資料を私は持っている。香港の資産、中国内地の資産、株権、企業……。習近平の弟・習遠平、姉の齋橋橋、その夫の鄧家貴、また彼らの子供たちも、資産を持っており、習近平の部下や周辺の人間、他の政治局常務委員らも彼の資金移動に助力している。その額は一兆ドルを超える」

「関わっている企業は香港だけでなく、中国、欧米、中東にも亘る数千社、香港だけでも3000社はある。ほとんどがペーパーカンパニーで、大陸の企業と関係がある。その多くが中央企業、国有企業だ。表面上はまったく問題ないが、少しずつ調べていけば、非常に複雑な株権ネットワークを利用して、それらの企業をコントロールして違法な対外投資をやっていることが暴ける」（RFA・2019年2月27日）などと語っています。

まだ裏の取れていない話ではあり、谷卓垣自身も怪しげな人物なので、もちろんすべて鵜呑み（うの）みにはできません。彼はもともと中国本土のビジネスマンで、2014年に倒産しかけていた成報を買収しました。ですがその資金を、インターネットプラットフォームを通じて違法に調達したようです。中国系香港紙の「大公報」によれば、彼は山東省出身の低学歴者で、離婚後、ブラジルに渡り成功。

その後、ブラジル華僑としていくつかの偽名を使いながら投資会社を起こし、怪しげな方法で資金調達を行ってきたとか。〝闇の政商〟と呼ばれた郭文貴とよく似た印象の人物です。

郭文貴は北京五輪前の投資で当時の北京市長の王岐山とも昵懇でした。やはり、汚職で国際指名手配を受けています。ですが、いち早く米国に逃げて、インターネット上で王岐山はじめ中国共産党中央の要人たちのスキャンダルを発信しています。

彼らの言動の信憑性は別にして、香港が中国共産党の要人たちの資金洗浄の現場になっていたことは事実で、郭文貴や谷卓垣のような怪しげな投資家が、自分の身を守るために、中国共産党中央の要人たちの汚職の証拠を握っている可能性は大いにあります。

習近平ファミリーの鄧家貴の資産問題は、2016年のパナマ文書騒動のときも話題になりました。また2018年10月10日、習近平の姪の張燕南が香港のレパレスベイあたりに6億4000万香港ドル相当の不動産を持っていることが暴露されています。

今後、もし香港の中国化が進み、その自由都市としてのうまみがなくなったとき、香港を捨てた金融関係者や企業家らが海外に脱出し、習近平を含む中国共産党指導者たちの違法蓄財や資金洗浄の実体が次々暴露されたらどうなるでしょう。

反腐敗キャンペーンを掲げ、汚職官僚や企業家をどんどんパージしてきた習近平自身が汚職にまみれていた証拠があがってしまえば、彼の中国共産党中央、国家指導者としての地位は保たれるでしょうか。あるいは中国共産党の執政党としての正統性は保たれるでしょうか。

香港は実は〝スキャンダル地雷原〟なのです。これが一斉に爆発したとき、香港から中国に向かってものすごい爆風が吹き込み、中国共産党の看板も吹っ飛ばされるかもしれません。

軍靴の足音

中国は苦しい時ほど戦争を仕掛ける

中国がどこかで戦争をするかもしれない。そういう予感はこの数年、ずっと漂っています。中国は国内が不安定化すると対外戦争を行って国威発揚し、中国共産党の軍権掌握と人民の愛国心やナショナリズム高揚効果を狙う、と同時に軍内の不穏分子を戦場に送り出す、というようなことを実際にやってきました。

記憶に残るのが1979年の中越戦争です。結果的に中国はズタボロに負けるのですが、国内では大勝利を宣伝し、文革によって求心力が落ちた中国共産党の威信を取り戻す効果がありました。またその敗戦の責任を文革中にはびこった扱いづらい軍内左派の軍幹部に負わせて排除し、替わりに自分に忠誠を誓う将校を出世させ、軍権の掌握を進めました。実戦を通じて解放軍の弱点を理解した鄧小平はその後、大規模な軍制改革や、軍の近代化を進めました。

この軍の近代化の成果を試す意味もあり、また1979年の敗北の雪辱を晴らすためにも1984年に再び中越国境紛争を起こします。実際は苦戦を強いられ多大な犠牲を払いましたが、やはりこれも大勝利と国内で喧伝され、鄧小平のカリスマ的地位を確定することになりました。

毛沢東も1950年の朝鮮戦争を通じて建国したばかりのひ弱な国が米国と直接対決し、引けを取らない戦いをした国家として国際的威信を高め、毛沢東のカリスマ性はさらに強大になりました。

そのカリスマ性が肥大したために〝大躍進〟などといっためちゃくちゃな政策が誰にも止められずに進行し、反右派闘争、文化大革命と動乱の時代に中国を引きずり込むのです。文革の最中に中ソ国境紛争・珍宝島事件を起こしたこともありました。あわや核戦争かというところまで緊張が高まりましたが、この緊張が、文革の動乱で人民が殺し合う惨状のなかでも核兵器開発の歩を緩めなかった背景でもありました。

つまり中国では、経済が悪化し、人民の暮らしが苦しくなり、権力闘争が激化しているときほど、国民の関心を外にそらし、国威を発揚し、権力を掌握するために戦争を仕掛ける傾向があり、また実際にその効果を体験してきたのです。習近平が同じ発想を持っていたとしても不思議ではないのです。

習近平が直面しているのは、経済の急減速、権力闘争の激化、解放軍内の不満・不穏、国家指導者としてのカリスマ不足などです。戦争は中国の過去の経験をみれば、それを一発逆転式にすべて解消する可能性がある、と言えるかもしれません。勝てる見込があればもちろんですが、引き分け、あるいは負けないくらいに持ち込めそうだと考えたとき、起こりうる戦争とはどんなものか。

一つは間違いなく「第五章」であげた「台湾有事、台湾統一」です。成功すればこれほど、国威発揚と習近平のカリスマ性を増大するものはありません。しかしそれ以外にも、火種はたくさんあります。それを少し挙げてみましょう。

半島有事

この原稿を書いているとき、おりしも2回目の米朝首脳会談（2019年2月27〜28日）がハノイで行われ、何の進展もないまま会議は決裂しました。両首脳は予定より2時間も早く会談を切り上げてランチもとらずに早々にホテルに帰ってしまったそうです。

この決裂の原因は、北朝鮮側が「制裁解除を先にせよ」と要求し、米国側は「寧辺以外の全核施設の廃棄や保有するすべての核弾頭の提出などが先で、それが終わってから制裁解除だ」ということで、米朝双方の主張が根本的に対立しているので合意できないのですが、実質進展がないものの、もう少し双方が取り繕って、基本的合意だとか、覚書きのような文書を出すこともできたわけです。そうせずにトランプが席を立って会議を決裂させたのは、同席したボルトン大統領補佐官の振り付けのようです。

半島問題の専門家、重村智計さんから聞いた話ですが、北朝鮮との話し合いは「交渉すると負け」なのだそうです。先に席を立って、北朝鮮側に追いかけさせて、北朝鮮に譲歩させるのが北朝鮮との正しい交渉術。ボルトンはそれを熟知していたので、トランプに交渉しないで帰るようにアドバイスしたのかもしれません。

ここで金正恩（キムジョンウン）が追いかけてきて、多少の譲歩を言えば、会談は続いたかもしれませんが、金正恩もまさか自分たちの要求がけんもほろろに断られるとは思っておらず、トランプの後ろ姿を呆然と見送ってしまった、ということではないでしょうか。

私の予想では半島の非核化について、米国自身はそんなには急いでいないと思

ドナルド・トランプ

ジョン・ボルトン

います。というより半島の問題の本質は米朝の問題でも非核化でもなく、米中のアジアにおける軍事プレゼンスの問題ではないかと考えているからです。

そもそも、米朝首脳会談が実現した経過を振り返れば、中国の果たした役割は相当大きいのです。90年代から存在が明らかであった北朝鮮の核開発問題をずっと放置したままだった米国はトランプ政権になって突如、北朝鮮に非核化の要求を突き付けました。

その結果、どういう化学反応が起きたか。中国は米国から関税問題などの圧力を受けたこともあって、対北経済制裁に応じ、さらには米国が軍事行動オプションをほのめかせると、北朝鮮を守るよりも、米国に協力する立場を取りうることを北朝鮮に伝えました。朝鮮戦争以来、中朝は血で固めた友誼の同盟関係でした。建前であったとしても、一応の信頼関係があったはずなのに、中国はいざとなれば北朝鮮を見捨てる選択肢も取りうる、とわかったことは北朝鮮を慌てさせ、米朝直接会談の実現を早めることになったと思います。

中国はこれまで北朝鮮カードを使って国際社会で存在感を強めてきた部分があります。核を持つ危険な北朝鮮の手綱を握っているのは中国であり、半島の核問題を何とかするためには中国に頼らざるをえないのです。ですが、この米朝首脳会談のプロセスで、「中国は北朝鮮をいざとなると捨て札にすることもある」ということがばれてしまい、中朝の相互不信はもう取り繕えないところまで表沙汰になったのではないでしょうか。今は、戦略的に中朝は共闘して対米姿勢をみせていますが、双方ともいつ相手が裏切るかわからない、ということは想定しているので、両国は意外ともろい関係になったと私は見ています。

　米国は中朝関係を揺さぶるつもりで半島問題に手を出したのかもしれません。ですが同時に、米国もやっかいなパンドラの箱を開けることになったのではないでしょうか。

　一つは、北朝鮮が米国と直接会談することにより、韓国が南北統一、半島連邦国家の誕生の夢を具体的にみるようになったことです。しかも、文在寅（ムンジェイン）は思想的に北朝鮮に非常に近く、国家の正統性の根拠を反日においています。北との統一を夢みるあまり、米国との同盟関係や日本との軍事協力関係をおろそかにするようになりました。

　半島というのはもともと海洋国家と大陸国家の２つの性質を共存させています。韓国は北朝鮮と分裂したおかげで、半島にありながら海洋国家の性質を強く持つことになり、米国の同盟国になりえたのです。

　ですが、北朝鮮との統一を想定した途端、大陸国家の内向きの性格になり、海洋国家の米国より大陸国家の中国に同調するようになりました。もし朝鮮戦争終結協定が結ばれ、南北が統一を望み、そのプロセスに入れば、韓国が北朝鮮を併合するのではなく、北朝鮮が韓国を飲み込み、半島に反日大陸国家ができる可能性が高いのです。

ひと昔前までは、誰もが経済的に発展した韓国が北朝鮮を統合し、半島に民主主義国家が登場すると思っていたのですが、違うシナリオもありうるわけです。在韓米軍は撤退することになり、半島の米軍プレゼンスはほとんど失われ、かといって南北統一国家だけでは独立国家として一人前にはなれないので、大陸国家同士として中国に頼るようになる。とすると、アジアにおける米軍プレゼンスの急速な弱体化は避けられないのではないでしょうか。

さすがにこのシナリオはトランプ政権が望んでいるとは思えません。


金正恩は米中の大国を手玉にとって生き延びる道を画策中でしょう。ですが、役者の格は米中の方が上。しかも北朝鮮内部では軍のクーデターの噂が絶えません。金正恩は結局、米国か中国の大国のどちらかに服従しない限り、身の安全すら守れないのです。

もし、金正恩が非核化を拒否し、核保有国となって韓国も飲み込んで中国側につくようなシナリオを選びそうに見えたら、トランプは半島に対して軍事行動を起こすかもしれません。ですが、そうなれば、中国も軍を動かすでしょう。その建前は共闘作戦かもしれませんし、北朝鮮の同盟国としての支援かもしれませんが、中国としてはこれを座視はできないはずです。

また、もう一つのパンドラの箱は、中国に、「北朝鮮はもう必要ないかもしれない」と気づかせたことかもしれません。中国がずっと北朝鮮の後ろ盾になってきたのは、「北朝鮮屏風論」という、北朝鮮が米国の同盟軍の韓国との間の〝あの場所〟に存在することに意味がある、という根強い考えがあったからです。北朝鮮を緩衝地域とすることで西側民主主義国家と直接国境を接することなく、体制を守れるのです。

ですが、韓国が民主主義国家といえなくなってきた今、別に北朝鮮はどうしても必要な国家でなくなったわけです。そうなったとき、扱いづらくなった北朝鮮王朝を潰してしまうことは中国にはできます。北朝鮮には常に軍事クーデターの危険性が潜んでいますが、もし軍事クーデターが起きるとしたら、ほぼ必ず中国解放軍の協力があるでしょう。逆にいえば解放軍がその気になれば北朝鮮でクーデターを起こせます。解放軍、特に旧瀋陽軍区は朝鮮族も多く、軍事物資や資源の密輸入共謀関係があり、心情的にも利益供与的にも絆は深いのです。

習近平政権が命じてそうした北朝鮮有事をたきつけなくとも、解放軍内の不満や不安がそういう形で暴発することはありうるでしょう。旧瀋陽軍区は、汚職で失脚させられた軍長老・徐才厚の部下がまだ多くおり、不満をくすぶらせています。

また習近平サイドが、旧瀋陽軍区内のアンチ派を粛正する口実にするつもりで、軍内で何か問題を起こさせる、ということもあるかもしれません。北朝鮮政府内部がいつ倒れてもおかしくないほど求心力を失ったとき、ロシアも狙っている羅津、清津といった重要港は中国がなんとしても先に抑えたい港ですから、どんな手を使ってもおかしくはないでしょう。

そう考えると、半島情勢は、韓国の文在寅が夢見ているような〝お花畑〟のようなものではなく、いつ引火爆発を起こしてもおかしくないガスが充満しているようなものといえるでしょう。

南シナ海有事

南シナ海はどうでしょう。オバマ政権の8年間の間に、中国は南シナ海の領有権問題でフィリピンやベトナムらと争う岩礁島の実効支配を次々と固めていき、軍事拠点化を進めてきました。

具体的にはスビ礁、ファイアリー・クロス礁、クアテロン礁、ミスチーフ礁、ヒューズ礁、ジョンソンサウス礁、ガベン礁の7つの岩礁島を埋め立てて人工島にしているだけでなく、造りあげた島を基地化しています。このうちスビ、ファイアリー・クロス、ミスチーフの3島には3000メートル級の滑走路ができています。また軍艦が着けられそうな港湾施設、レーダー施設なども設置されているようです。

ファイアリー・クロス、ジョンソンサウス、クアテロン、スビ、ミスチーフには灯台が造られ、中国の交通運輸部が運用しています。気象観測所も造られ、軍人だけでなく民間人（あるいは民兵）も常駐するようになってきています。

ロイターの安全保障専門家の見解をもとにした報道によれば、特にスビ島は解放軍海軍陸戦隊数百人が常駐することを目的に400以上の建物が建てられ、ちょっとした街が形成されているといいます。米国の民間衛星写真をみれば、バスケットコートや練兵場が並び、解放軍基地らしきものが確認できます。

1974年のベトナムとの西沙（せいさ）海戦で実効支配を奪ったウッディー島には、2700メートルの滑走路があり、2018年には爆撃機の離着陸テストが行われ、地対空ミサイ

1979年の中越戦争 ©Ullstein bild/アフロ

ウッディー島には、2700メートルの滑走路
©akg-images/アフロ

ル発射台が配備されるなど軍事拠点化が進んでいます。

一方、トランプ政権になって南シナ海に対する米国の姿勢は大きく変化しました。2018年6月初め、シンガポールで開催されたシャングリラ会合ことアジア安全保障会議（IISS主催）では、ジェームズ・マティス米国防長官（当時）は演説で、中国が南シナ海の人工島で、ミサイル配備や電波妨害施設の設置、新型爆撃の離着陸テストなどを行っていることは周辺国への「脅迫と威圧」であると断言しました。かつて習近平国家主席が「南シナ海を軍事拠点化する意図はない」と言ったことに反していると批判し、「必要なら断固とした措置をとる」と軍事オプションを臭わせました。

このとき、台湾の防衛能力強化のために米国が装備面で積極的に協力していくことで、「南シナ海における中国の軍事的脅威に対抗する」とも発言しており、南シナ海有事が台湾有事とも連動する可能性をほのめかしています。

実際、トランプ政権になってから、米国は南シナ海での「航行の自由作戦」を繰り返しており、その頻度は2018年秋以降増えています。2018年9月30日にはスプラトリー諸島付近を「航行の自由」中の米イージス駆逐艦ディケイターに中国駆逐艦が異常接近するような事件もありました。

中国が領海を主張する人工島の12カイリ内も2回以上航行しています。南シナ海上空での核弾頭搭載可能な爆撃機飛行訓練も2019年に入って頻度を増しています。

ジェームズ・マティス

中国と岩礁島の領有を争うフィリピンのロドリゴ・ドゥテルテ大統領はこうした米中の軍事的緊張が、自国が領有を主張する岩礁島が含まれる海域で急激に高まっていることについて、米中紛争に自国が巻き込まれる懸念を言い出しています。フィリピンは岩礁島を中国に実効支配され、その国際海洋法違反をハーグの仲裁裁判所に提訴して勝訴していますが、中国はこれを公然と無視しています。

米国のマイク・ポンペイオ国務長官は2019年3月、

マイク・ポンペイオ

フィリピン・マニラを訪れてドゥテルテ大統領と会談し、南シナ海の中国による人工島建設が米比両国に対する潜在的脅威だという点で一致しました。会談後、ポンペイオは、「南シナ海でフィリピンに対する武力攻撃が行われたときは、米比相互防衛条約に基づいて防衛する」ことを言明。これは米国高官によるフィリピン防衛に関する初の言明でしたから国際的にも注目を浴びました。

ですが、それから数日後、フィリピンのロレンザーナ国防相は、もし米中衝突が南シナ海で起きてフィリピンが巻き込まれたとき、米軍が本当にフィリピンを守る気があるのか、と懸念を示し「米比相互防衛条約を見直す必要がある」と言い出しました。

フィリピンはフィリピンで、中国の経済支援と軍事圧力に日和(ひよ)らざるをえないのです。時に発言の立ち位置は中国寄りになりがちです。旧米軍基地であったスービック港にある韓国資本の造船所が2019年年明けに破綻しましたが、この造船所の買い取りに中国企業が名乗りをあげました。この造船所破綻はフィリピン、韓国双方の金融機関からの負債総額が13億ドルにのぼり、潰れれば従業員数千人が解雇されるというフィリピン史上最悪の経営破綻といわれています。ドゥテルテはこの造船所を中国企業が買うことについて、「問題ない」との見方を示しています。

しかしながら、スービック湾は今も日米の艦船の寄港地ですし、中国がこの企業を買い取れば、格好の日米軍艦の監視基地となるでしょう。

南シナ海は米軍が強いプレゼンスを維持してきたところですが、米軍が直接統治している領地や領海ではありません。ですから中国が戦争を起こして戦う相手はフィリピンやベトナムの海軍であり、それら東南アジア諸国の海軍は実力的には中国海軍より劣っています。いくら米海軍が後ろ盾だといっても、米海軍が真っ先に出てくるわけではありません。

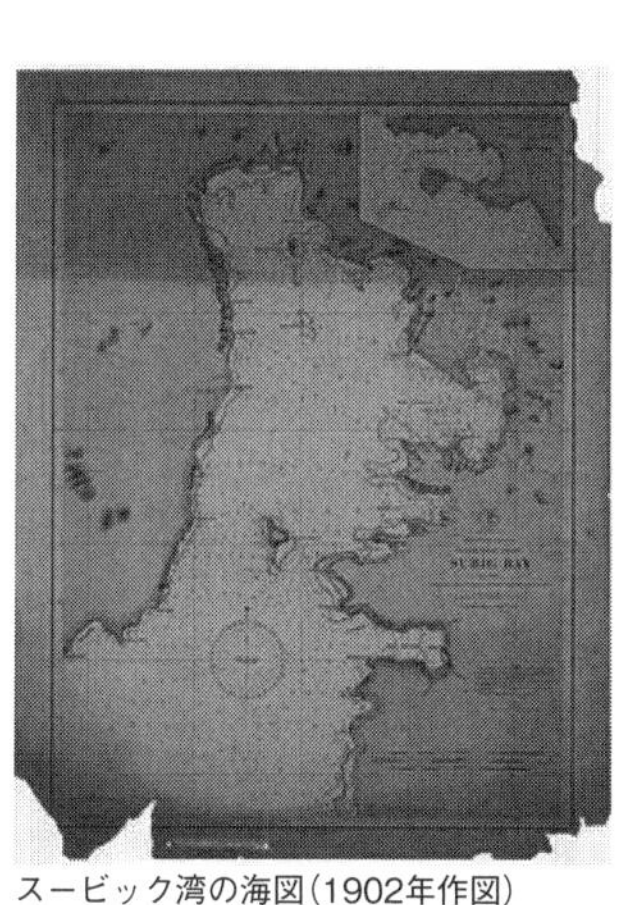

スービック湾の海図（1902年作図）

奇襲作戦でさっと勝ち、あるいは脅威を見せつけたあと中国優位の話し合いで決着がつく紛争を演出するにはもってこいの場所かもしれません。

中国はポンペイオの発言に対し「南シナ海での中国に対する他国の攻撃は懸念するが、中国が他国を攻撃することはないし、そのような政策は持っていない」（駐フィリピン中国大使）としていますが、実際、武力で岩礁島を実行支配し、国際海洋法を無視してきたのですから、この大使発言を信じられるでしょうか。

尖閣諸島と沖縄海域

日本の尖閣諸島は大丈夫でしょうか。私は中国にとって戦争を起こしやすい順位からすれば、一番低いのではないか、と思っています。少なくとも2019年から2021年あたりの当面はそういえるでしょう。根拠は、日本が、台湾や半島、東南アジア諸国よりも〝強い〟ということです。

以前、総合国力評価の中国人研究者の方から、自衛隊が「理想的な現代型少数精鋭軍のお手本」と中国からも相当高い評価を得ているという話を聞いたことがあります。短期戦では中国軍が負ける、と。長期戦に持ち込めば大規模戦力を持つ中国軍が勝てるということでもありますが、国威発揚や軍権掌握のために戦争を起こすというのであれば、さっとやってぱっと終わり、国内で勝利を喧伝できなければなりません。日本に喧嘩を売ると手こずりそうです。また日本は世界最大の軍事力を誇る米軍の一番の同盟国ですから中国も手を出しにくいでしょう。

しかも、２０１８年ごろから日中関係は改善傾向がはっきりしており、中国にしてみれば、米国との貿易戦争その他の対立を先鋭化させざるをえないならば、日本との関係をより安定させておきたいはずです。経済的にも日本に頼りたいところが多々あります。

日本も中国と関係を悪化させたいわけではありません。新しい元号令和一年目に不穏なムードを作るような真似をしたくはないのです。習近平国家主席の訪日が予定され、その翌年の２０２０年の東京五輪も平和裏に迎えたいはずです。

ただ、二つほど、不安要素があります。一つは習近平政権が必ずしも、解放軍のすべてを掌握しきっているわけではない、ということです。

「第二章」でも触れたかと思いますが、習近平政権になって軍事クーデターの噂は何度かあるのです。軍が習近平政権に盾突く場合、面と向かって軍事クーデターを起こす可能性以上に、あたかも習近平政権の路線に沿っているようなふりをして習近平の外交政策の足を引っ張るようなアクションを起こすことはありえます。２０１７年の中印国境の緊張などがそうでした。

ですから、習近平政権が日本とうまくやろうとしているときに、習近平政権の足を引っぱるように尖閣諸島に対してちょっかいを出してくる可能性はゼロではありません。

実際、2018年10月の日中首脳会談期間前後も、中国海警局の船が尖閣諸島EEZ（排他的経済水域）の接続海域内に頻繁に入っています。海警局は習近平の軍制改革によって2018年夏以降、中央軍事委員会に指揮系統が編入されている〝第二海軍〟です。2019年になると領海侵犯もするようになりました。

この原稿執筆時点（2019年5月）ですでに7回あります。これが習近平の本当の意思を反映しているかどうかは、微妙です。なぜなら安倍訪中時前に、中国政府は中国漁船に対しては尖閣周辺での漁を一時禁止する通達を出していました。

ですが、海警船は平気で接続海域に入り、2019年に入ってからは領海侵犯を繰り返しています。海警船は漁民を守る建前でやって来るわけですから、漁民が来なければ来る必要がありません。漁民の尖閣方面への出漁を抑えたのは、習近平が軍に対して、いかにも日本に対する弱腰な印象の命令を出せないから、軍側に察してほしい、ということなのではないのか。

しかし、解放軍サイドはそういう忖度はせず、むしろ習近平が表向きに喧伝している〝強軍化〟路線に忠実であるという素振りを見せつつ、習近平外交にとってマイナスの行動を

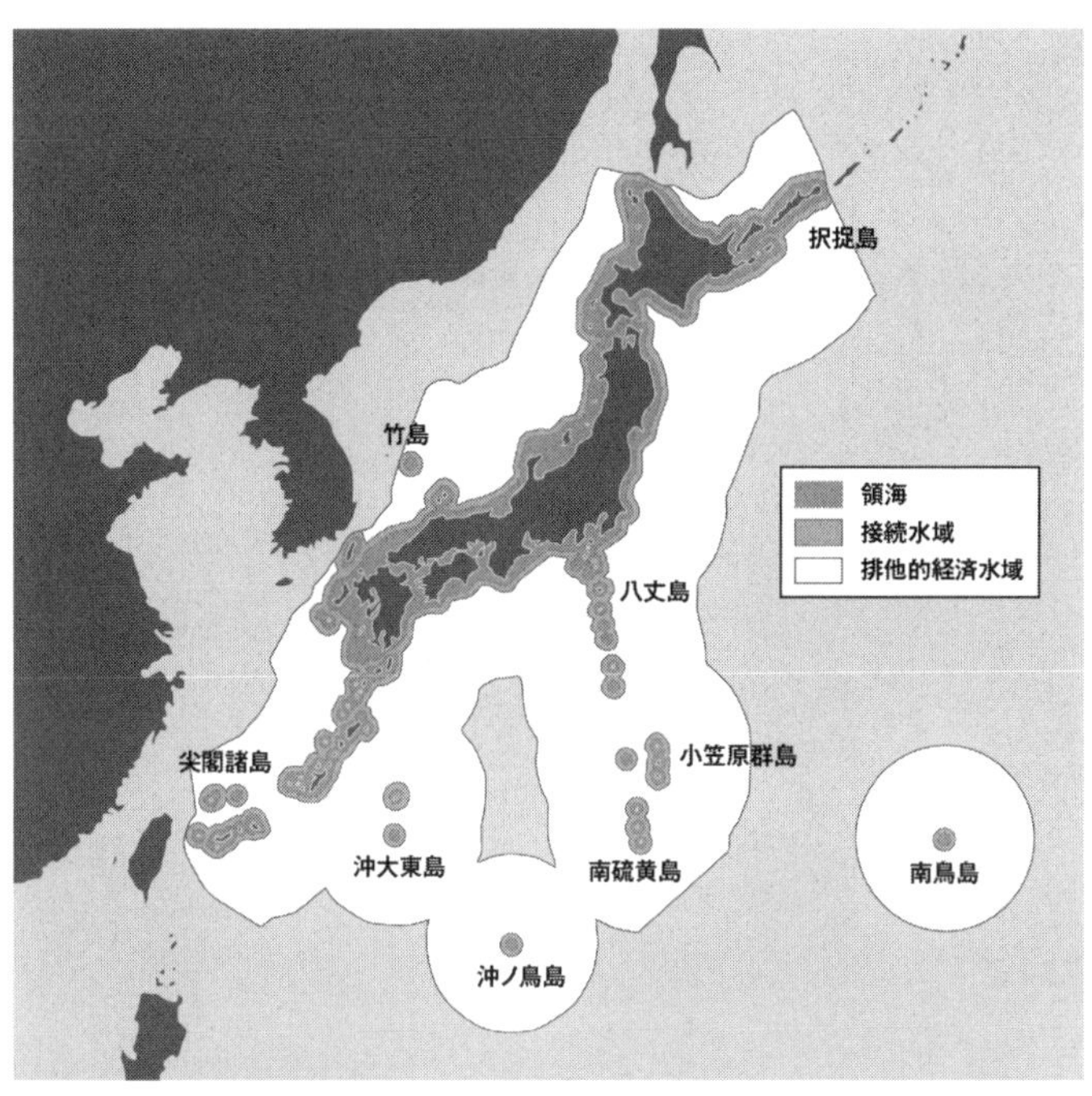

尖閣諸島とＥＥＺの接続海域

とるわけです。

もっとも、海警局を軍の指揮下に編入した時点で、その任務は漁民を守ることから領海を守ることにシフトするわけですから、漁民が来ないのに海警船が来ること自体は不思議ではありません。ただ、漁民だけに出漁停止を命じたのは不思議なところです。

もう一つの不安定要因は、日本にはつけ入る隙がある、という点です。

日本の自衛隊は近代少数精鋭軍の理想形といわれていますが、国防軍としての法的根拠に欠けており、日本は交戦権を自ら持たないことにしています。そういう国ですから、中国にはちょっかいを出しても、大事にはならない比較的安心な国とみられています。

他国とならば紛争に発展しかねないような挑発も遺憾とか、厳正なる抗議で済ましてくれるので、習近平政権としては対外的な強硬姿勢を国内向けにアピールするには比較的都合のいい相手なのです。

しかも、中国共産党の執政党としての正統性の根拠は〝抗日戦争〟に勝利したという点にありますから、日本への挑発は、どんなに日中友好ムードのなかであっても〝定期的〟に行わねばならないのです。

日本と無制限に仲良くできる中国共産党などありえません。執政党としての資格を自ら否定するようなものです。日本政府もそれがわかっているので、挑発を受けてもいつものことだと慣れてしまっているのです。

ですが、そういう日本の緩い感覚が、偶発的な事件を引き起こすことは十分にあることなのです。一歩間違えば核戦争だと思いながら対峙するのと、どうせ戦争などにはなりっこないと思いながら対峙するのとでは、緊張感が違います。日中ともどこかお互いを甘くみているからこそ、思いがけない危機を引き起こす危険性があると思います。

日本は、今は日中関係回復基調だから尖閣諸島リスクが少ないなどと思わず、関係が悪いとき以上に警戒心と緊張感を持ってほしいところです。

中国の軍事実力は

中国が戦争を仕掛ける可能性がある、と言うと「ありえない」と一刀両断する意見が多くあります。その根拠は、解放軍の軍事力の過少評価だと思います。しかし、本当に大したことはないのでしょうか。

江沢民時代、胡錦濤時代は、解放軍はかなり腐敗していました。戦争で戦ったことのない江沢民は鄧小平と違って解放軍から本物の忠誠を得ることが難しいので、多くの利権を与えることで解放軍から協力を得る利益供与関係を築きました。それが胡錦濤政権以降も続く軍の汚職体質になります。腐敗した軍は命がけの戦争の準備よりも個々の金儲けと派閥づくりに精力を注ぐようになります。そんな軍隊が実戦で能力を発揮することができるわけがありません。

胡錦濤政権時代の２００３年に潜水艦乗員70人全員が死亡する事故が起きています。原因は初歩的なミスで、エンジン作動時に外気を吸入できずに酸欠になったといわれています。当時は「信じられない練度の低さ」と海外の軍からも驚かれていました。ですが、この時代のイメージが今も通用するか、というとそうではないでしょう。

一つは習近平政権になってから「強軍化路線」を打ち出し、今世紀半ばまでに「戦争できる、戦争に勝てる」一流の軍隊を建設することを大目標の一つに掲げているからです。このために行った軍制改革によって、軍からの汚職一掃が進められました。

それまで兵舎では午後5時を過ぎれば、みんな酒を飲んで宴会をやっていたそうですが、禁酒が通達されました。見せしめ的に軍の長老や幹部らが汚職を理由に失脚させられました。軍内で強大な権力を持っていた四大総部(総参謀部、総政治部、総後勤部、総整備部)を解体し、15の専門部に分けて中央軍事委員会傘下におき、中央軍事委主席であり連合作戦指揮(総司令官)の習近平が掌握できるように司令系統を改革しました。

また、習近平はことあるごとに戦争の可能性に言及しています。

2019年1月4日の中央軍事委員会工作会議の席で、「新しい起点において軍事闘争準備工作をしっかりやり、強軍化事業の新局面を切り開こう」と強調しました。

さらに「今日、世界は100年なかった未曾有の大変局の年だ。この戦略的チャンスにのっとって、予想可能な、あるいは予想しがたい各種リスクと挑戦が増えていくだろう。全軍は正確に我が国の安全と発展の大勢を認識、把握し、憂患意識、危機意識、戦闘意識を強化し、しっかりと軍事闘争準備の各工作を行い、党と人民が与える使命任務を断固完成せよ」と言いました。

２０１９年が「１００年なかった未曾有の大変局が起きる年」というのは習近平が２０１８年後半から何度も繰り返し言っていますが、それを戦略的チャンスと考えて「戦闘準備工作をしっかりやるべし」という指示は、やはり具体的な戦闘を考えているのではないでしょうか。

この実戦を想定した意識は、２０１９年3月1日から解放軍軍事訓練監察条例が施行されたところからも感じられます。この条例の中身をわかりやすくいえば、「実際の戦争をするつもりなので、その戦闘実力を習近平は正確に知りたい。そのために実戦的軍事訓練を増やすのだが、それが習近平の要求水準に合致するレベルを図るための基準や制度が必要なので、この条例を施行する」ということです。

こう考えると、少なくとも習近平政権になって、解放軍は実戦を意識した軍制改革を進め、実戦を意識した訓練を増やしています。そして全人代でも明らかになったように、２０１９

年の国防予算は前年比7・5％増の1兆1899億元と着実に増大しているわけです。

国防費の増大の問題になると、2018年の国防費は中国のGDP比にして1・3％だから先進国の標準2％と比べると少ないじゃないか、と中国側は説明するのですが、GDP伸び率よりも高いわけですから、やはり軍事費は急増しているのです。また中国の国防費のなかには兵器開発費や外国からの武器購入費はほとんど含まれていません。一般に公表されている国防費の3倍ぐらいが、実質的な国防費であろうとみられています。

そうするとやはり、習近平が軍権を掌握しているか、あるいは解放軍が習近平に忠誠を誓っているかという問題は別にして、解放軍の実力は確実に伸びているはずでしょう。

米国防情報局（ＤＩＡ）やシンクタンクのランド研究所などが出している、中国軍実力の評価に関するリポートを読むと、ものすごく評価の高い部分と低い部分が混在する印象はあります。

評価の低い部分はまず、軍事人材が極度に欠乏している点です。軍人の練度、権力闘争に伴う優秀な軍人のパージ、軍内の腐敗なども影響を及ぼしているでしょう。

もともと中国共産党軍から誕生した軍隊ですから大陸軍主義が染みついていたのです。それを習近平の軍制改革によって根っこから変えていこうとするわけですから、新しい体制においては総合的な指揮が可能な指揮官の育成にはまだ時間がかかるかもしれません。

一方、評価されているのは情報化戦争に対する準備が相当進められている点です。また軍民融合戦略として、中央軍事委員会科学技術委員会など民間人を入れたり、戦争行為以外の非軍事行動を行う複合型軍人を増やすなど、戦争に勝つための非戦争行為を軍民協力して行う聯合作戦能力は高いとされています。

たとえば解放軍海軍と海警局と漁民（海上民兵）の聯合作戦能力などは中国が領有権を争う岩礁の実効支配などを効果的にしました。

ＤＩＡのリポートでは一部の軍事技術はすでに世界の最先端に達していると評価しています。たとえば、艦船設計、中長距離ミサイル、ハイパーソニック兵器などです。また宇宙軍、サイバー軍など領域もずっと先を見越して予算と人的資源を投入しています。

そういう意味では、解放軍実力は決して侮っていいものではないと思われるのです。

ハイブリッドウォーとＡＩ戦争

中国解放軍の総合力は米国に次ぐ2位、と今のところいわれています。

習近平は今世紀半ばにこの順位をひっくり返したいという野望を持っていますが、米国も追いつかれないように軍事予算をつけていきますから、中国が簡単に追いつけるはずもありません。

ですが、この順位をあっという間にひっくり返す可能性があるかないか、というとあるという意見はあります。

それは戦争そのものの形が変わってしまうことです。

それは過去に培った戦争経験、作戦能力、軍備や人材が簡単に無意味になってしまうような変化です。二つ可能性があって、一つはハイブリットウォーと呼ばれる複合戦が戦争のスタンダードになったとき。もう一つはAI戦争です。

ハイブリットウォーの概念を最初に打ち出したのは実は中国軍人です。喬良(きょうりょう)と王湘穂(おうしょうすい)という解放軍大佐が1999年に書いた戦略書「超限戦(ちょうげんせん)」がもとになりました。

一言でいえばあらゆる方法で制約なしに行われる戦争です。戦争手段に加え非戦争手段を同時に使いこなす。

政治、社会、文化、宗教、心理、思想、およそ社会を構成するものをすべて戦争に利用する戦い方です。外交戦、諜報戦、金融戦、サイバーテロやメディアの世論誘導、そういうもの一つ方向性に沿って、タイミングを合わせ、目標を決め、無制限の手段で非対称に最小の労力消費で多元的に攻撃する。それをどうやってコントロール、調整、統合し支配するか、そういう戦略論は、西側先進国の軍事関係者に衝撃を与えました。

こんな戦争にこれまでの戦争のルールはあてはまりませんし、そもそもルールなしで戦うというのが超限戦なのです。こういう戦争を肯定するかしないか、好き嫌いにかかわらず超限戦は始まっています。

実際、２０１４年のクリミア危機・ウクライナ紛争ではハイブリット戦によってロシアがクリミアを併合してしまいました。

グローバリゼーション時代のインターネット社会が進んでくると、少なくともサイバー戦、情報戦のハイブリッドは今後の戦争のスタンダードになると思って、嫌でも対応せざるをえない、ということを誰もが思い知らされたのです。

今までのルールが通用しない上に、民間人を戦闘に利用することやフェイクニュースを流すことにためらいがなく、人民、金融、経済や宗教まで統制下における中国のような独裁体制と、自由や法治といった価値観を尊び、それを侵すものはたとえ自国政府でも批判するメディアや大衆を擁する自由主義国家では、これまでの軍事力と経験を比べてどっちが戦争に強いとは簡単に言えなくなってくるでしょう。

もう一つはＡＩ戦争時代が遠からずやってくるということです。

中国のＡＩはすごい、と日本でもよくニュースになります。ＡＩの特許申請数は今や中国が1位です。中国のＡＩといえば、まずハイクビジョンやメグビー、ダーファ、センスタイムといった顔認識カメラ企業が思い浮かびます。

ハイクビジョンは今や世界監視カメラ市場シェア第1位です。米中対立の駆け引きカードになっている華為技術も、独自のＡＩ用半導体の量産に入っていて、その性能は米クアルコムや米エヌビディアに匹敵するともいわれています。

清華大学中国科技政策研究センターが発行した「中国人工知能発展報告２０１８」によれば、中国人工知能企業は２０１７年末の段階で、企業数で世界第2位の１０１１社（米国は２０２８社）、都市で比較すれば北京企業が３９５社でサンフランシスコ（シリコンバレー）の２８７社を超えて1位となっています。

世界のＡＩ分野への融資は３９５億ドルの資金が投入されていますが、中国ＡＩ企業だけでその7割を占めているそうです。２０１８年の中国ＡＩ市場規模は４１５億５０００万人民元（予測）で前年比75％増。国際的なＡＩ人材の数も米国に追随する世界2位の累計1万8322人（米国累計2万8536人）です。

問題は、中国のAIは、世界の人々に便利で豊かな未来の暮らしを提供する目的だけでなく、軍事利用目的のために国家としてその産業の振興を後押ししている、という点です。もし中国のAI軍事開発に関するリポートを読んだら、「中国すごい！」から「中国怖い」という感覚になっていくかもしれません。

というのも、中国はAIの軍事利用に迷いがないのです。たとえば、米国などは、AIが人間を支配したら怖いという懸念はあります。ですから、戦争のように人の生き死にが関わる場面で、AIに判断させるような兵器は作らないでおこうという考えです。

ですが、中国は半自律的なAI兵器、たとえば無人攻撃機、無人戦車などの実用化に向けた開発を進めているだけでなく、自律型致死兵器システム（LAWS、AIが自分で索敵、攻撃判断を行う兵器）、自律的に戦況を判断し作戦を立て、攻撃する兵士ロボットの開発まで視野に入れているのです。

2018年10月25日に北京で行われた軍事技術フォーラム北京香山論壇は「人工知能と戦争形態の変化」がテーマでした。そこでは「人対人の戦争から人とロボットの混合軍隊の戦い、最終的にはロボット自主作戦の戦争が未来の戦争であり、AIと火力（兵器）、機動力と情報力が戦争の勝敗を決する重要なファクター」という位置付けで討論が行われていました。

国防科技大学国家安全軍事戦略研究所所長の朱啓超(しゅけいちょう)は「人工知能が軍事力革命の核心的駆動力であり、未来の戦争に必要なのはＡＩの軍事応用である」と語っていました。米国の軍事的圧倒優位を、ＡＩが変える可能性、ＡＩの軍事応用が〝ゲームのルール〟をひっくり返す潜在能力があるというのです。

もちろんＡＩにも弱点はあります。ハッキングされて乗っ取られれば、自軍の兵器が自分たちを攻撃することになります。また無人兵器などの兵器そのものだけでなく、インターネット、ＧＰＳなどの通信システムとセットで、情報通信、ロジスティックにも使われていますから、そういったロジスティックの部分を破壊されると戦争どころでなくなる可能性もあります。ですが、よりＡＩ技術、あるいはＡＩをハッキングできる技術で完全に優位に立てば、兵力の差、ミサイルの数、それどころか核弾頭を持っているかいないかすら、戦争の勝敗に関係なくなってしまいます。

もう一つハイブリットウォーにおけるＡＩの怖いところは、暮らしのなかに入り込んだ便利なＡＩ機器が兵器になりうるという点です。

インターネットを通じてＡＩで制御された民間の電力インフラや金融システムがハッキングによってダウンさせられたり、自動運転システムや自動航行システムのハッキングによって引き起こされる大規模事故で、社会を混乱させることも、一つの戦争の手段となるのです。

米国が今、華為技術やＺＴＥ、ハイテラ、ハイクビジョン、ダーファといったハイテク中国企業を米国市場から締め出し、同盟国にも使うなと要求するのは、民間の暮らしに入り込んでいる彼らのハイテク機器も、米中の関係悪化の具合次第では、軍事利用されうることに気づいたからではないでしょうか。

技術や情報が窃取されたりするのを防ぐというのも重要ですが、華為などは世界の通信インフラシェア第1位ですから、これがハイブリッドウォーに利用されることはあるということです。

そういう未来の戦争の形も考えると、「実際に戦争が始まっていると気づかないうちに始まっている戦争」もあるかもしれません。

人口問題と原発と食糧危機

少子高齢化が中国をむしばむ

中国の潜在的リスクはずっと「人口」でした。人口が多すぎる、これが中国の発展を阻害すると考えて、１９７９年以降２０１５年まで中国は世界でもまれな徹底した人口抑制政策をとってきました。ですが、今になってこの政策のツケが急激な少子高齢化という形で中国を弱体化させようとしています。これは習近平の敗北ではないかもしれないけれど、この政策を40年も維持してきた中国の歴代指導者の敗北といえるでしょう。

２０１９年１月21日、国家統計局から２０１８年の人口動態統計が発表されました。それによると、２０１８年末の総人口は13億９５００万人。

２０１８年の出生人口は１５２３万人で２０１７年の１７２３万人より約２００万人減少。２０１６年が１７８６万人だったので、２年連続減少ということになります。

自然出生率は10・８％、死亡数は９９３万人で７・13％、５３０万人の人口増で人口増加率は３・81％。出生率と人口増加率は建国１９４９年以来最低だと中国メディアは報じました。

２０１５年に「一人っ子政策」から「二人っ子政策」に人口抑制政策を転換させたとき、当局はベビーラッシュが起きると期待して、年間２０８２万人の出生数予測を発表していましたが、それよりも５００万人以上も少なかったのです。

当局はこれまで２０２０年の人口予測14億２０００万人と試算していました。この試算は崩れるかもしれません。

労働人口（16歳から59歳）は８億９７２９万人で総人口の64・３％。２０１７年末より４７０万人減。60歳以上の人口は２億４９４９万人で17・9％、前年末より８５９万人増、65歳以上の人口は１億６６５８万人で11・９％、８２７万人増。高齢者の比重はそれぞれ60歳以上０・６％増、65歳以上０・５％増で高齢化が一層進んだといえます。ちなみに就業人口は７億７５８６万人。前年比１００万人近くの減少です。

国家統計局局長は記者会見で「労働人口が９億人もいて就業人口が７億人以上いて、高等教育を受けている人間が１億７０００万人もいて、毎年大卒者が８００万人もいるのだから、人口ボーナスは存在する！」と強調していましたが、人口ピラミッドがいびつな形になっていることは一目瞭然です。

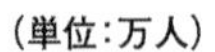

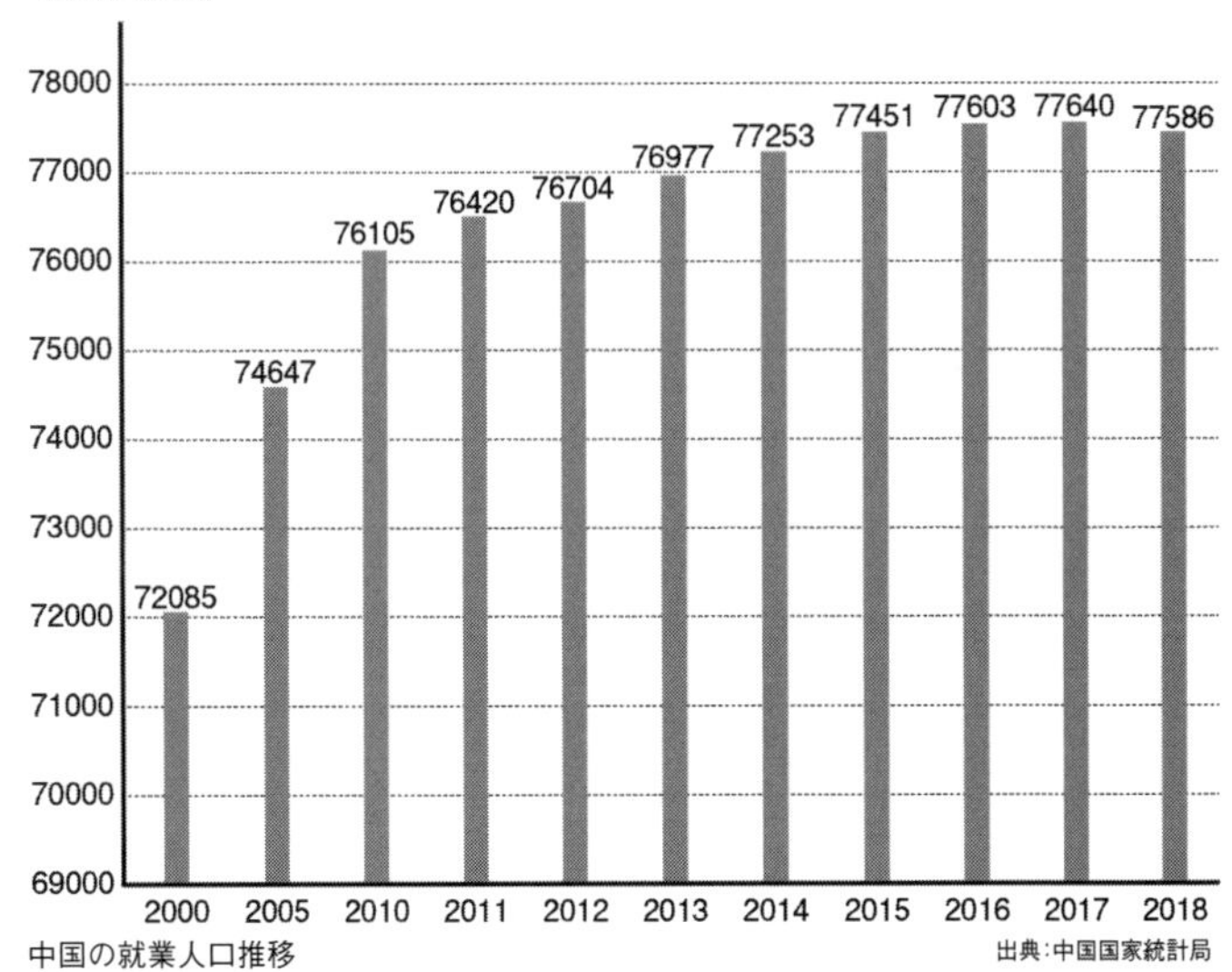

中国の就業人口推移

出典：中国国家統計局

ちなみに就業人口７億７０００万人のうち、農民工と呼ばれる農村戸籍の出稼ぎ者が２億８８００万人を占め、農民工のうち１億人が都市定住型農民工で都市の低層の仕事について、都市生活者のためのサービスやインフラを支えています。

さらにいびつなのは、性別のバランスです。

男性が７億１３５１万人、女性が６億８１８７万人で男性が３１６４万人も多い。このバランス比が一番悪かったのは２００６年でその差は４００８万人でしたから、これでも多少は是正されたのです。

とはいえ、男女出生比率は２０１７年で依然１１１・９（女児を１００とした男児の出生数）で、国際平均水準104～107を大幅に上回ることを考えれば、まだまだ深刻な問題です。

しかも、女性の寿命が比較的長いのに、今後結婚適齢期、出産適齢期に入る世代の2000～2010年代生まれ（1億4600万人）の男女出生比が118・9、2019年に10歳を迎える2009年の男女出生比率は121・6。農村になるとこの男女差はさらに大きくなり、男女出生比率150を超える地域もざらにあります。

全体でいえば高齢女性が増え続け、出産可能な女性は今後減り続けるということです。今後の若者の結婚問題、出産問題をめぐる環境がどれほど深刻かがわかるでしょう。

一人っ子政策を撤廃しても人口増に転じないのは、教育費に金がかかるなど若い夫婦の経済状況がネックになっている面も大きいのですが、なにより結婚できない男性が増え、出産可能な女性の数が急激に減り、しかも彼らのマッチングがなかなかうまくいっていないという面が大きいのです。

都市の方が女性は多いのですが、都市生まれで都市育ちの女性は農村男性と結婚したがりません。そこで自然、農村では一生結婚しない男性が増えていきます。農村人口が近いうちに急減期に入る可能性があります。そうなると農業崩壊による食糧自給減や低賃金で都市インフラを支える低層の労働者不足といった経済の問題も顕在化してくることでしょう。

結婚適齢期にあって結婚していない人口は2015年の統計で2億人。1990年の独身率は6%でしたが2013年にはそれが14・6%に上昇、今はさらに上昇しているとみられています。

中国は建国以来、ずっと人口膨張を恐れていました。人口が増えれば、誰がその膨大な人々を養っていくのか、と。

2006年、一部の人口学者たちが少子高齢化に警鐘を鳴らし始めたときですら、党中央政治局では「今後10数年、人口増加の趨勢が依然強く続き、毎年800〜1000万人ペースで人口が増えていくであろう」と強い警告を出していました。人口抑制政策を実行するために設けられた計画出産委員会に属する多数の公務員・官僚たちが自分たちの利権を守るために、人口学者たちの忠告を無視していたから、という指摘もあります。

当時、「超生」（一人っ子政策に違反して多く子供を産むこと）の罰金の多くが使途不明になっており、地元役人や官僚たちのポケットに入っていたとみられています。

2015年に一人っ子政策を撤廃したのは、失政の多いといわれる習近平政権による数少ない英断だといわれていますが、それでもすでに遅すぎたということかもしれません。

国家統計局の公式発表前に、社会科学院人口研究所が「人口・労働緑皮書」というリポートを発表していますが、それによれば現行の特殊出生率（一人の女性が生む子供の平均数）が1・6人というレベルのままであれば、人口のマイナス成長は2027年に始まるそうです。

しかも現行の出生率1・6人を維持するのは困難で、出生率は今後1・2人あたりにまで下がるという予測があります。「もし、ここ数年の人口動態データが正確であるならば、2023年、あるいは2024年ごろにも人口マイナス成長期に突入する」と、著名な人口学者・黄文政が「21世紀経済報道紙」のインタビューで答えています。

ウイスコンシン大学マジソン校の易富賢教授は、中国政府が公表している出生率1・6人という数字自体がすでに間違っており、正確な計算をすれば2010〜18年の平均出生率は1・18人であり、政府は一人っ子政策の弊害を隠すためにデータを隠蔽している、と指摘しています。

いずれにしろ、2016年に出ている国務院報告の人口マイナス成長期では、ピークは2030年で14億5000万人ということでしたが、それよりはるかに前倒しになったということです。２０１７年に出された国連の世界人口展望では９つの違う推計値が紹介されており、中国の人口ピークは最も早い予測では２０２１年、最も遅い予測では２０４４年、その他７つの予測推計値は２０３２年です。国家統計局の強がり発言とは裏腹に、党内での人口問題に対する危機感は相当深刻なのです。

人口減少に伴う労働力減少については、当面は日本のように定年年齢を65歳にまで延ばす（中国の定年は55～60歳）ことや、高齢者の労働力活用、ＡＩ活用などによってカバーできるのだ、という声もあります。ですが、根本的な問題は、今後の高齢社会を支えられるほど経済が成熟していない、という点にあるのです。

中国の経済成長率が６・６％という数字が幻想であることはすでに「第一章」で述べた通りです。しかも一人あたりＧＤＰはまだ1万ドル未満（日本は3万８０００ドル）。小康社会（そこそこゆとりある社会）が実現する前に、労働力減速期、少子高齢化社会に入ってしまったので、切実に「養老」問題が突出してくることは疑いようのないところです。すでに、地方での老人虐待、老人遺棄の事件が少なからず報じられ、高齢化社会の問題として対応が迫られています。

たとえば2018年5月、80歳になる病身の父親の介護を放棄し実家で孤独死させたとして、その息子及び娘5人に対して四川省の平武県人民法院は、1年6カ月から2年の懲役刑の実刑判決を出しました。子供全員が出稼ぎに出ており、父親に対してはたまに見舞いに行くくらいだったといいます。村民委員会が子供たちに連絡しても、彼らはお互いに責任を擦（なす）りつけているだけで、態度は劣悪だったとして、厳しい判決が出されました。

中国では毎年50万人以上の高齢者が失踪していることが2016年の民政部中民社会研究所のリポートで指摘されています。失踪者の多くが家に戻ることがありません。失踪の理由は認知症などによる徘徊（はいかい）ですが、家族が本気で探さないケース、わざとどこかに打ち捨てて、失踪にしてしまうケースも多いようです。

地方政府運営の養老院の前に、老親を置いていくケースなども報告されていました。養老院に入ったあと、家族が費用を払わないので、養老院サイドが食事や医療などのケアを放棄して死亡させた場合、責任の所在がどこにあるかが争われる裁判もありました。若い家族が全員出稼ぎに出て、老人ばかりが取り残されている老人村の存在も目立ち始めています。

中国の法律では親の子供の扶養義務と同様に、子供の親に対する扶養義務が生じるので、介護放棄などは刑事罰の対象となります。しかし、農村の出稼ぎ者がたとえ4～5人集まっても、老親を介護する余裕があるかどうか。ましてや一人っ子世代になると、この介護の重荷は一人の子供に二人分かかってきます。農村部では、まだ社会保障制度の支援が行き渡ってません。

2013年に老年人権益保障法が施行され、家族が高齢者の面倒をみることを義務づけると同時に、高齢者介護のために休暇をとることを合法的な権利と認めるようになりましたが、これは高齢者問題を本質的に解決する方法ではありません。

「子供が親の面倒をみないのは中国の伝統に反する」という価値観をもとに、高齢者扶養の問題のほとんどすべてを家族に負わせている一方で、政府は長年かけて中国の最大のセーフティネットである大家族制を破壊したのですから、ここに生じる矛盾のツケを払うのは本来は政府、中国共産党政権のはずです。

ですが、地方政府の隠れ債務はすでに40兆元を超えるともいわれ、沈没寸前。今後予想される労働人口減による経済低迷、社会不安のなかで、高齢者への社会保障整備が充実されていくという期待も少ないのです。

私がひそかに懸念するのは、新たな人権問題の発生です。

一部都市では二人以上の子供を産んだ夫婦に対して奨励金を出す人口増加政策をすでに実施していますが、これがやがて、子供を産まない女性や一人しか生まない女性に対する罰金に代わっていくのではないでしょうか。

あるいは老人の迫害が容認されるような時代になっていくかもしれません。

すでに民族弾圧、宗教弾圧、言論弾圧など、党主導の組織的で深刻な人権問題が起きているのですから、そこに老人や女性の尊厳をさらに無視するような政策的管理を加えることに、いざとなれば何の躊躇(ちゅうちょ)もないでしょう。

特に高齢者への迫害が容認されるようになると、中国社会の本当に数少ない美点である「長幼の序」や、ファミリーを大切にし結束する伝統的価値観すら失われていくのではないでしょうか。

こう考えていくと、「人口問題」こそ、中国を内側から弱体化させ、家族倫理を破壊し、中国人の価値観を内側からひっくり返す〝乱〟のひとつといえるかもしれません。

原発事故はいつか中国で起きる

中国はまもなく人口マイナス成長時代に入るとはいえ、まだ貧困にあえぐ人々はたくさんいます。2019年3月の全人代の政府活動報告でも「貧困農村1000万人以上」の脱貧困を目標としています。ですが、もし中国の貧困が完全になくなり、14億の人口がみな先進国並みの生活水準をするようになったとしたらどうなるでしょう？ ちなみに2018年末段階で先進国レベルの一人あたりGDP2万ドル以上の都市に暮らしている人口は約1億5000万人だそうです。

豊かな暮らしを支えるのは電気です。14億人分の豊かな暮らしを支える電気をどうやって作るか。

中国は、遠い将来は月資源の獲得を目指しているようです。月面にある「ヘリウム3」は放射性廃棄物や放射線量が少ない安全な核融合燃料だそうです。だから中国はいまだ国内に1660万人の絶対的貧困者を抱え、一人あたりGDPが1万ドルに達しておらず、社会保障制度も不完全であるにもかかわらず、どこの国よりも宇宙開発に打ち込み、一刻も早く月面基地の建設を急いでいるのです。

中国が2019年早々に月の裏側に探査機を着陸させ、月面に生態圏を作るユニークな実験を始めているのは、どこの国よりも早く月面に中国人を送り込むためです。目下、月面は誰のものではないので、最初に旗を立てて領有権を主張すれば自分のものになると中国は思っています。中国の得意な〝実効支配〟です。

ですがこの夢の月資源を手に入れ、活用できるのはずっと先のことです。ではそれまでに、中国のエネルギーを支えるのは何か。それが原発です。中国は今や世界一の原発技術国に王手をかけています。

大亜湾原子力発電所 ©Imaginechina/アフロ

中国には二つの大きな原発企業があります。

中国核工業集団（CNNC）と中国広核電集団公司（CGN）です。CNNCは国務院核工業部を前身とする中国核工業総公司から分裂した中央国有企業。CGNは広東省の出資で1994年に設立された国有企業です。

中国初の原発はCGNによる広東省の大亜湾原発です。改革開放後の産業発展で急激に電力不足に陥った広東珠江デルタを支えるために鄧小平の指示でプロジェクトが始まりました。

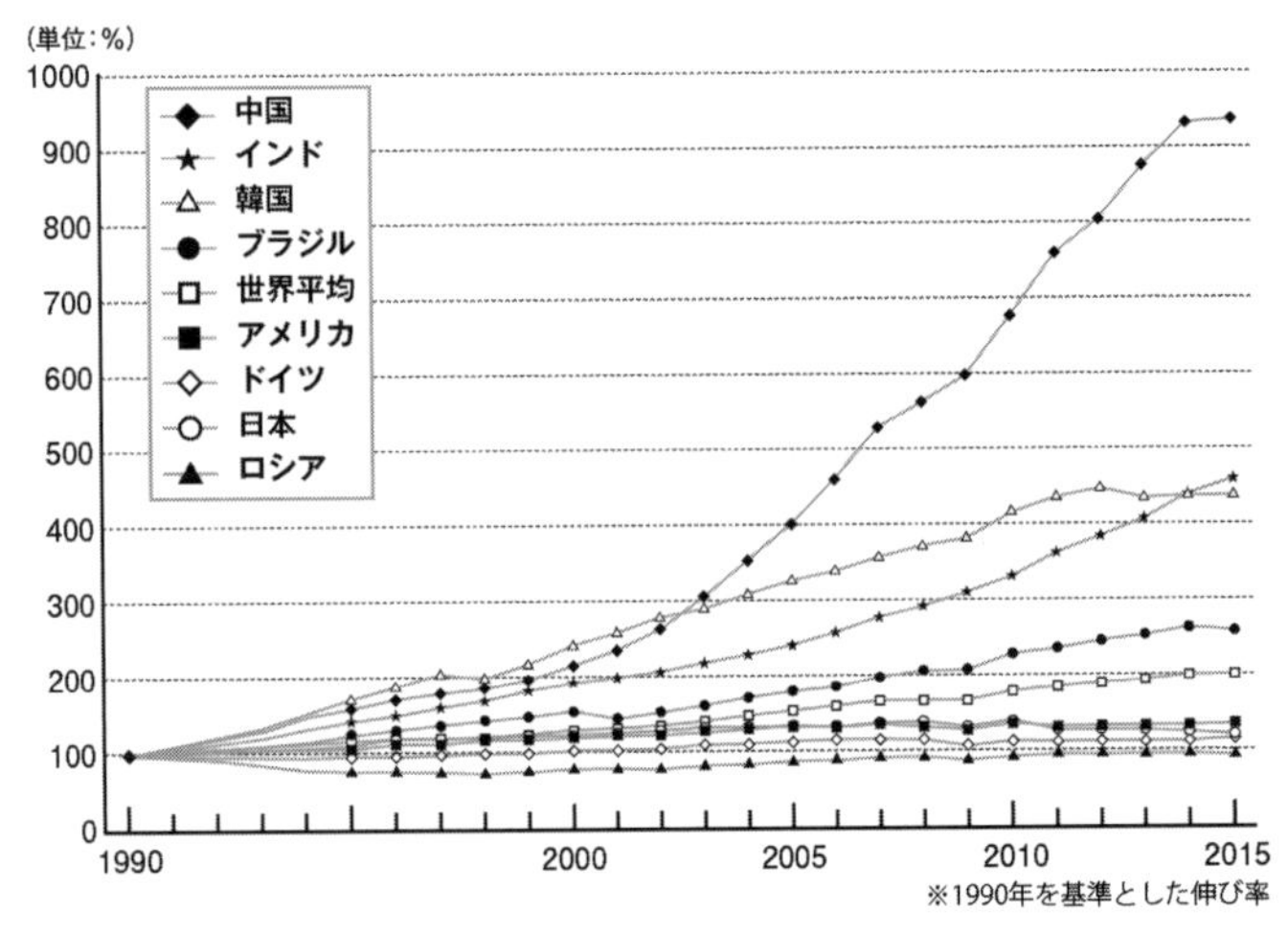

主要国の発電電力量の推移（伸び率） 出典：IEA「World Energy Balances 2017 Edition」

70年代末から80年代、珠江デルタでは電力不足で工場が日に何度も停電するような状態になりました。フランス留学経験がある鄧小平はこのとき「他国の長所、他国の先進技術をもっと学べ」と訴え、広東省はフランスの原発の技術、ノウハウすべてを引き入れて大亜湾原発建設に取り組みました。

１号機は１９９３年、２号機は１９９４年に稼働。原子炉の設計は仏フラマトムが中国企業サイドとともに行いました。

中国の最初の原発は１９９１年に試験運転を開始した中国浙江省海塩県の秦山原発（中国核工業集団、ＣＮＮＣ傘下）という意見もあります。ですが、正式稼働は１９９４年とされているので、タッチの差で二番手になりました。

秦山原発は周恩来の指示で上海市が1970年から始めたプロジェクトです。自主設計を原則方針としていますが、飽和蒸気タービンや圧力容器にウエスチングハウス（WH）や日本の三菱重工業の技術が使われています。

90年代はじめ、この2つの原発基地ができたことで電気不足問題が解決できたと同時に、濃縮ウランを利用した核兵器しか持てなかった中国はプルトニウム核兵器を持てるようになりました。

CGNはまた大亜湾の近くに嶺澳原発を造りました。1号機が2003年から建設され、2005年に稼働。1号機の国産化率は30％でしたが、2号機は国産化率64％になりました。この1号機は今も継続して安全運転を続けて、連続安全稼働日数世界一の記録を更新中です。

このころは、中国の原発は外国の技術がなければ成り立ちませんでした。それを覆したのが華龍一号炉です。

華龍一号は中国が自主知的財産権を保有する第三世代原発技術です。第三世代原発技術の概念とは、大規模な放射性物質放出事故発生確率が10のマイナス7乗を下回るように設計されたもの、つまり第二世代原発技術よりも事故が起きる確率が10分の1以下になるものです。マグニチュード6・5級の地震にも、津波にも、洪水にも、旅客機の衝突にも堪えうる強度だといい、2014年にIAEA（国際原子力機関）の原子力安全設計審査で承認されました。

華龍一号はCNNCとCGNの双方の第三世代技術を統合したもので、3-Loop PWRと呼ばれます。CGNがフラマトムから受け継いだ技術EPR（欧州加圧水型炉）にCNNCの自主開発技術ACP1000を融合。国産化率は86・7%。ここまで来るのに中国の原発関連企業は5400社にまで増えました。

華龍一号は2015年から建設が始まった福建省福清原発5号機の原子炉に使用されるほか、英国の新たな原発プロジェクトのうち、ブラッドウェル原発Bプロジェクトへの採用が調印されています。ただ、当時の英国のテリーザー・メイ政権は中国原発の安全性に対して懐疑的で、安全審査は4段階設けられ、2018年暮れの段階でようやく2段階目が終わったところです。すべての審査が完了して、本当に採用されるかどうかが決まるのは2021年以降になります。

さらに原発のなかでも最も国産化が難しかったDCS（分散制御システム）の自主開発にCGN傘下の北京広利核システム工学有限公司が2010年に成功しています。同技術を確立した国としては米、仏、日本に続く4番目。

このシステムが組み込まれた100％国産原発・陽江原発5号機（広東省）が2018年に稼働、同年末で中国全土で稼働する原発は46基になりました。2020年に華龍一号炉を使った福清原発が稼働すれば、中国は本格的に華龍一号の輸出に乗り出すつもりです。

こうした原発の歩みを振り返って、中国の原発開発者たちは喜びをかみしめています。中国がことさら喜びを感じているのは、日本の原発の凋落（ちょうらく）がはっきりしてきたから、というのもあります。中国はたくさんの原発を造り、着実に進歩しているのに、英国はじめ海外からは、日本の原発と比べられてなかなか評価されませんでした。福島原発事故のあとでさえ、中国の造る原発より、日本の造る原発の方が安全だと思われていたのです。ですが2019年になって、日本の東芝や日立製作所がコストの問題で英国の原発プロジェクトから相次いで撤退しました。安全対策にコストが膨らんで採算が取れないと判断したからです。

このニュースについて、人民日報傘下のタブロイド紙「環球時報」（1月19日付）は「英国が日本の約束反故（ほご）にひどい目にあっている……救えるのは中国だけ」とひどく嬉しそうに報じました。

環球時報は「西側メディアは中国企業をますます〝妖魔化〟して報道しているが、これは英国における中国原発企業の発展を阻害する」「(英国の原発プロジェクトから日本人が撤退した今) 英国人は自分たちの原発が困難のドツボにはまっていることに気づいただろう。彼らを助けることができるのは、あれほど嫌がっていた中国人だけだ」「わずか数カ月で英国は3つの原発建設が凍結となった。第一世代原発の廃炉期限は近づき、気候温暖化の進行を止めるために火力発電は淘汰せねばならず、英国はこの苦境をどうするのか?」「ロイターも報じているように、日本人の抜けた穴を埋めるのは中国だろう。CGNはフランス人と協力してヒンクリーポイントC原発プロジェクトに調印し、ブラッドウェルBに華龍1号を提供する予定だ」「日本と比べて、中国の原発企業は技術が優秀なだけでなく、資金も豊富、誠意もたっぷり持っている」「中国は日本の日立と違って、英国の資金を要求しない。CGNがやれば英国政府は金を出す必要がない」……。

中国にとってはチャンス到来です。

英国の窮地を救えば、金融センターのシティを抱える英国に恩も着せられるし、なにより中国原発の最高の宣伝にもなります。中国国産原発は習近平政権が掲げる産業構造高度化戦略「中国製造2025」にも含まれ、党規約にも盛り込まれた経済一体化構想新シルクロード構想「一帯一路」とリンクしており、中央アジアや東南アジア、アフリカなどの一帯一路沿線国に中国産原発を輸出する心づもりなのです。原発輸出はその国のエネルギーの根幹を握ることであり、その国を経済的に支配することと同等、あるいはそれ以上の影響力をもちます。

中国の原発開発は日本より四半世紀遅れて始まり、その発展に日本は協力してきました。1985年の日中原子力協定締結以前から、日本の中国に対する原発支援は専門家交流などの形で始まっていました。90年代に中国の原発運用の技術指導や調査にあたってきた日本人専門家によれば、そのころの中国の原発は技術面だけでなく、建屋内の掃除の仕方なども含め基本的な安全管理がまったくできていなかったそうです。

原発は原子炉などの設計そのものだけでなく、それを運用する人的資質が安全を決める部分が大きいのです。大事故にはならなかったものの、ありえないミスで、あわやという事故は日常茶飯事であったそうです。それを日本の技術者たちは根気強く指導してきました。

技術開発力も日本は進んでいました。世界で最初に第三世代原発技術の原子炉・柏崎刈羽原発（ABWR）を稼働させましたし、第四世代の高温ガス炉の技術もリードしていました。原子炉開発の技術そのものだけでなく大型プラント運用ノウハウを含めた総合的な実力も上とみられていました。

だから中国は、福島原発事故後、日本社会が日本の原発を完全否定しているとき、日本の原発事業関係者や技術者を必死に取り込もうとしていました。

私が当時、北京の産業界筋に聞いた話では、中国の原発関連企業が、日本の原発関連企業の責任者のスケジュールをあの手この手で調べあげ、社長クラスが自ら偶然を装って日本の技術者との接触を図っていたそうです。中国は表向きには国産技術のすばらしさを喧伝していますが、内心、日本の技術を評価し、嫉妬し、欲していたのです。

ですが、日本は〝安全〟にこだわり、際限なくコストが膨らむ状況で、ビジネスとして原発事業をみたとき、利益を見いだせなくなってきました。一方、中国にとって原発は純粋なビジネスではない国家戦略です。月面開発と同じく採算ではなく、未来への生き残り策としてその技術でトップを取ることに集中しています。

そして少し先を歩んでいたはずの日本が今、レースから脱落し始め、中国が世界一の原発大国になろうという段階にきているわけです。

ＩＡＥＡの統計によれば２０２０年までに世界で新たに建設される原発はおよそ１３０基。２０３０年までにはその数字は３００基になると見込まれますが、このままでは、おそらくはその多くが中国製造となるでしょう。

　ここで考えなければならないのは、では中国が造る原発は本当に安全なのか、ということです。シーメンスもゼネラル・エレクトリック（ＧＥ）も原発事業から撤退し、ウエスチングハウス（ＷＨ）が破産し、ＷＨの債務保証をしている東芝も地獄に叩き落とされました。世界的に原発産業が限界を感じている状況のなかで、なぜ中国だけが、原発を造り続けることができるのでしょう。それは何かを切り捨てているからです。私はそれは〝安全〟だと思います。安全が一番コストがかかるのです。

　中国では２０３０年まで毎年８基程度ずつ原発工事をスタートさせるとＣＮＮＣの社長で全人代代表でもある劉巍が２０１９年３月の全人代の席で言っていました。10年もたたないうちに、中国では１００基以上の原発が稼働するということです。こんな急ピッチで造られた原発ははたして安全でしょうか？　運転技術者の養成は間に合うのでしょうか？　竣工したばかりのビルや橋がしばしば崩落し、食品工場などで従業員による悪意の毒物混入事件などテロ行為が起きる中国で、なぜ原発だけが完璧に造られ、安全に運転されるはずだと思うのでしょうか？　もし、中国沿海部で原発事故が起きたとき、海を越えて日本への影響はないのでしょうか？

実際、中国では小さな原発事故は、かなり頻繁に起きています。大亜湾原発は2010年だけで表沙汰になっただけでも3回の放射性物質の漏れ出しなどの事故がありました。2008年にも臨界実験時に制御棒が一部コントロール不能になったことがあります。2016年11月にも放射能漏れ事故が起きました。この年に全国で起きた事故・トラブルは6件です。2018年3月もコントロールシステムのコンデンサーがショートする事故が起きています。もちろん報道はされていません。中国側に言わせればほとんどがレベルゼロの事故であり、報道の必要なし、ということです。ですが、報道され世間から注目されなければ、本当に原因が突き止められ改善されているのか、誰も検証できません。

中国で何かものすごい大事故が起きるとすれば、原発事故ではないかと私は思っているのです。

旧ソ連の崩壊は、さまざまな要因がありますが、レベル7といわれた1986年のチェルノブイリ原発事故が一つのきっかけであったといわれています。チェルノブイリ事故とその対応の悪さが、国家のシステムの限界を見せつけ、1991年のクーデターにつながったといわれています。原発事故とは一つの国家体制に止めを刺すくらいのインパクトがあるものなのです。

中国は世界で一番長期安全稼働を続けている原発を有し、日本や米国、フランスに代わり世界中に原発を輸出できる原発技術大国であるとの自信を深めています。２０１９年２月13日付けの中央紙「経済日報」で「原発はすでに中国の代名詞」との見出しで、その安全性を喧伝していました。この自信の強さに、かつて日本が「安全神話」を謳っていた姿を重ね合わせてしまいます。

そろそろ、中国で大原発事故が起きてもおかしくない時期ではないか、という気がするのです。

中国は食糧危機に直面している

中国人にとって重要なのは食べることです。挨拶代わりに「ご飯食べた？」という言い方は、おそらく中国語学習の最初の方で勉強することでしょう。食事がそのくらい関心事なのは、ほんの半世紀前までの中国人は飢餓を知っていたからです。

１９５９年〜６１年の大飢饉のときは東北の労働改造所で多くの人が飢え死にしたの

ですが、埋められた遺体を夜中に掘り起こして食べたという記録も残っています。このときの大飢饉の餓死者数は、元「新華社」記者でジャーナリストの楊継縄(ようけいじょう)の調査では3800万人といいます。

こうした大飢饉は中国で二度と起こらないのでしょうか。そうとは言えない、と危機感を訴える声は少なくとも中国共産党内では少なくありません。実は2019年の党と政府が発行する中央一号文件のなかで、食糧安全問題がかなり強く訴えられています。中央一号文件とは党が最も関心を寄せている問題について年初に打ち出される通達です。

そのなかで18億ムー(1ムー=6・67アール)の農地面積を絶対維持すること。永久基本農地の特殊保護制度を全面的に実施すること、永久基本農地を15億4600万ムー以上に保つこと。食糧安全部長の責任制を強化すること、などが通達されました。

また稲、粟、小麦、トウモロコシの生産安定や大豆振興計画など、補助金を出して拡大せよ、と通達しています。2020年までに8億ムーの農地を新たに確保することを目標として打ち出しました。

中国では深刻な水質汚染、土壌汚染によって農地が急激に減っています。

同時に、農村の都市化により農地が潰されてきましたし、産業化が進んだために若い農民が農地を捨てて都会に出稼ぎに行き、農業をする人自体が減ってきた、という面もあります。

中国の食糧生産は２０１８年、６億５０００万トン、前年比０・６の微減ですが、実は肉食が増えて家畜を養わなくてはならないので、本来ならばもっと増えなくてはいけないのです。豚や牛などの家畜は、肉１キロを生産するためにその7〜11倍の穀物を必要としています。そのため中国は、増産しなくてはならない分の１０８５億トンを米国など外国から輸入しています。２００８年から食糧輸入国になって以来、その量は増え続けているのです。

米中貿易戦争で中国は、米国の大豆など農産物に報復関税をかけ、２０１８年6月から約半年間は事実上禁輸措置をとっていましたが、それは中国にとって非常に厳しい状況でした。

中国は大豆の9割を輸入に頼っていますが、その輸入相手は主に米国です。大豆は中国の重要な食用油や豆腐の原料であると同時に、大豆粕は豚肉の飼料ともなります。なのでこの時期は大豆価格が高騰しただけでなく、豚肉価格も5倍以上に跳ね上がりました。

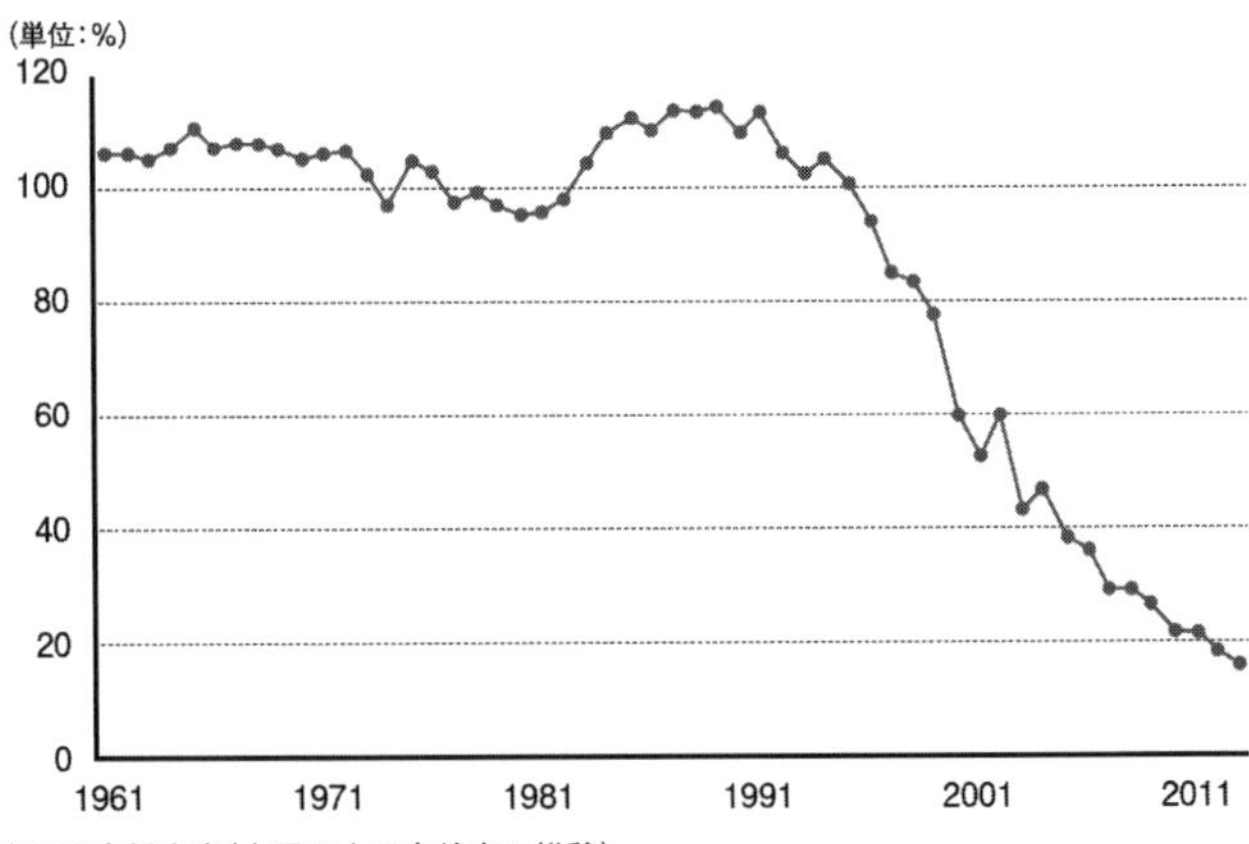

中国の食糧生産(中国の大豆自給率の推移)
出典：川島博之「中国が抱える意外な弱み「食料自給率の低下」」ＪＢプレス
URL:：http://jbpress.ismedia.jp/articles/-/50829

今年の中央一号文件で大豆振興計画が打ち出されたのも納得です。

中国が農産物の禁輸を解いて輸入を再開したのは、何もトランプに譲歩したからではなく、切実に中国国内の食糧事情が耐え切れなくなってきたからです。

２０１９年３月、中国の主要農業地帯でもある河南省代表団の分化会で習近平は食糧安全について「この重要な責任をしっかり背負ってくれ」と強調していました。

香港紙「太陽報」などは、こうした年初からの食糧安全問題に対する党の姿勢から、実は食糧安全問題がすでに中国共産党のアキレス腱になりつつあるのではないか、との見方を示しています。

さらに「外から見える以上に、中国の食糧問題は危機的な状況で、下手をすれば社会動乱の引き金になり、中国共産党体制を一撃で潰しかねない要因となるかもしれない」「もし、他の国家で自然災害が起こり、中国への食糧を輸出できなくなれば、14億人口はパニックを起こすかもしれない。それほど食糧問題は中国にとって巨大な政治問題なのだ」と指摘しています。

心配なのは自然災害だけではありません。もし2019年に米中貿易戦争が再びエスカレートして、中国向け農産物の輸出が止まれば、中国の食糧物価は一気に上がってしまいます。

おりからの食糧生産減少に加えて、どんどん舌が贅沢になっていく中国人の胃袋を満たす食糧問題は、いつでも体制を転覆させるくらいのインパクトを持つ政治問題に発展しうるのです。

米中文明の衝突

米中対立の本質

中国共産党体制を終焉させる最大にして最強の鍵はやはり米国といえます。中国の〝金融ショック〟にしても〝政変〟にしても〝人民の反乱〟にして〝戦争〟にしても〝食糧危機〟にしても、遠因は世界最大にして最強の大国・米国との関係にあります。

2018年6月に米国との貿易戦争が勃発しました。同年4月までは、おそらく習近平はトランプとは対等に〝ディール（取引）〟〝ゲーム〟ができると考えていたのでしょう。習近平やそのブレーンの王滬寧たちは、トランプと共和党エスタブリッシュメント、そして民主党の中国に対する姿勢には若干の差があると考えていました。

たとえばトランプは根っこはビジネスマンで、目先の利益によっては中国とうまく付き合っていける人物ではないか、と考えていました。実際、トランプは習近平と直接会ったときは、習近平のことを持ち上げて誉めるちぎることもありましたし、二人はちょっと性格が似ているところもあります。

傲慢で実は小心、コンプレックスが強いのにプライドが高く、人からの批判やアドバイスを素直に受け入れない。そのあたりの分析は拙著『米中の危険なゲームが始まった』（ビジネス社）を参照していただければと思います。

習近平は、クシュナー夫妻らトランプファミリーを籠絡できれば、共和党のドラゴンスレイヤー（嫌中派）を押さえられるのではないか、と思っていたフシがあります。また、民主党はパンダハガー（親中派）がいっぱいいるので、政権が民主党に代われば、米国の対中強硬姿勢も変わると考えていました。

ですがその後、その考えが間違いであるとわかってきました。米国はトランプだろうが、民主党だろうが、「中国の台頭は許せない」というのが本音であるということが。

２０１８年7月に実際に米国の中国輸入品に対する追加関税引き上げが行われ、貿易戦争が勃発しました。10月４日にマイク・ペンス副大統領がハドソン研究所での演説で「中国は米国の民主主義に介入している」と激しく非難したころから、トランプを含めた共和党の総意として、中国を仮想敵国として徹底的に叩く意思があるということが明らかになりました。

11月には米議会の超党派諮問機関、米中経済安全保障再考委員会（ＵＳＣＣ）が、中国のハイテク技術が米国の安保上のリスクになると警告する報告書を公表しました。５Ｇ（第

５世代移動通信システム）で中国が国際標準を握れば、米国のデータが窃取され、国家の安全が脅かされると主張しました。民主党も、中国が米国の敵であるという認識に立って、トランプ政権の対中強硬策に足並みをそろえる方針を広く知らしめたのです。

マイク・ペンス

ペンス演説では、中国が製造業高度化戦略として掲げている「中国製造２０２５」について、ロボット工学、バイオテクノロジー、ＡＩなどの世界の先端産業の支配を目指すものだとし、軍事技術を含む米国の技術の大規模な窃盗であると断罪しました。中国をジョージ・オーウェルの小説『１９８４』のような監視国家を作り、宗教を弾圧する自由社会の敵と位置づけました。

習近平政権が掲げる経済一体化新シルクロード構想「一帯一路」戦略はアジア、アフリカ、ヨーロッパからアフリカに至るまで各国を借金漬けにし、政治にも干渉するようになっていると批判しました。さらに米国のジャーナリズムやアカデミズム、映画や企業、官公庁に中国が金を使って操り、プロパガンダを流し、次の大統領選にも影響を与えようとしている、と危機感を示しました。

こうした中国の世界支配の野望から米国の民主主義を守るために断固戦う姿勢をペンスは打ち出し、一部メディアからは米国の中国に対する〝宣戦布告〟という見出しもつけられました。

このあたりから米中関係は単なる競争関係、ライバル関係でもなく敵意を隠さない戦争関係であるホットウォーには至っていないが冷戦関係にあるということを世界が認識し、中国自身も思い知らされたのだと思います。

米中貿易戦争は経済問題ではなく「米中の価値観の衝突」（人民大学の向松祚の発言。「第一章」参照）であり「中国は開かれた自由社会の最も危険な敵」（ジョージ・ソロスの2019年のダボス会議での演説）との認識が広まりました。

これに対し習近平政権は徹底抗戦の意思を示しました。2018年8月10日の人民日報では「米国が貿易戦争を起こした実質的意味は何か？」という社説を発表しました。

このなかで、米国は自国の絶対的優勢を脅かす相手は絶対潰す国であり、これまで日本にしろ旧ソ連にしろ、自国の国力の6割ぐらいに台頭した国を必ず潰してきたのだ、として、貿易戦争の本質が経済問題ではなく、〝米国の焦り〟にあると論じました。

だから、この戦いで中国は妥協するわけにはいかず、徹底抗戦しなければならない、ということです。

しかし、この習近平の徹底抗戦宣言は、党内で異論もあったようです。米国相手に徹底抗戦しても負けるに違いないと思う人も多かったからです。そもそも、鄧小平以来、中国は「韜光養晦（とうこうようかい）」戦術できて、米国と互角に戦えるまでは静かに自国の発展のみを追求すればよかったのに、習近平がまだ実力も伴わないのに、「中華民族の偉大なる復興」を掲げ、米国への挑戦の意思を隠さなくなったから、米国も本気で中国を潰しにかかっているのだ、と習近平の対米政策の過ちを批判する人も出てきました。


振り返れば今までは米国一極体制、パックス・アメリカーナ（アメリカによる平和）の時代でした。

グローバル経済というものは米国が作り上げた自由主義経済の基盤の上にあり、ドルが国際貿易における機軸通貨です。米国は世界の警察を自任し、世界平和の枠組みを主導してきました。その価値観はキリスト教的自由、平等、博愛の精神が根底にあり、三権分立の民主主義の法治国家が国家の基本にあります。東西冷戦が旧ソ連の崩壊という形で終焉を迎えたあとは、この秩序がほぼ恒久的に維持されると思った人も多かったのです。

だからこそ、フランシス・フクヤマの『歴史の終わり』が大ベストセラーになったのでしょう。

ですがその期待は甘かった。米国の国力に衰退の影が見え始めるとともに、中国が急速に台頭してきたのです。

80年代半ばまでは、誰もが、中国もいずれ民主主義国家の仲間入りをするだろうと思っていました。実際、鄧小平は1986年の段階で、「経済の改革開放は政治の改革開放と合わせて行っていかねばならない」と言明していました。

そのころ、米国は旧ソ連との対立が深刻でしたので、同じ社会主義国同士の中ソの亀裂を大きくするためもあって中国に肩入れをしていました。そのうちに中国が民主主義国家になれば米国陣営の仲間入りをするのではないかという期待もあって、技術も資本も中国に投じたのです。もちろん米国の同盟国であった日本もそうしました。

ところが1989年6月、学生の民主化希求の運動（天安門事件）が鄧小平と胡耀邦、趙紫陽の権力闘争に利用される形で武力鎮圧されると、政治改革に関する言及は中国ではタブーとなってしまいました。

中国はその後は、政治改革をほとんど一切試みないまま、経済の資本主義化というものを進めました。その結果、政治体制は一党独裁、経済は自由主義・資本主義に近い国家資本主義という形で強大化してきました。

人によってはこれを「開発独裁」などともいい、それは貧しい国が急激に経済発展するには有効な手法でした。シンガポールなどでも行われているとして肯定する人もいるのですが、私はこれは必ずしも永続的なものではないと思っています。

実際、歴史をみればわかるように、国家資本主義が肥大化すればだいたい帝国主義化し、最終的には戦争となって潰れるか疲弊するのです。日本などは戦争によって潰されたパターンに入るでしょう。

シンガポールのようにこじんまりした国ならば国家資本主義が帝国主義になる心配はまずありませんから、まあいいのですが、これが中国規模となると違ってきます。

ですから、国家資本主義である程度の経済力をもったあとは、普通は民主主義に転換し、国家の資本主義への介入は制限されていくものなのです。日米もそう考えていたので、天安門事件後も早々に経済制裁を解き、中国を支援してきました。

ところがそうはならなかったのです。ペンス演説でも「米国が中国を再建した」と言っていますが、その好意は〝裏切られ〟たわけです。

民主化よりも毛沢東的手法を選んだ習近平

では、中国はなぜ〝裏切った〟のでしょうか。

資本主義にはいろいろ弊害があり、資本の収益率が経済成長率より大きいと貧富の差が開き、社会の不安定化が進みます。

それを是正するためには富裕層から思いっきり税金をふんだくれ、というのがトマ・ピケティの『21世紀の資本』ですが、一見すると米国式自由主義競争、資本主義の否定で、社会主義回帰論にも受け取れて、批判論も多く出ました。

習近平政権の登場は２０１２年暮れ、ちょうどオバマ政権のときで、米国のレームダックが顕著となり、『21世紀の資本』が２０１３年にフランスで出版されようかという時代でした。つまり世界で多くの人々が、米国スタンダードに懐疑を持ち始めてきたころでした。

胡錦濤政権末期、中国は国家資本主義、権威主義的市場経済の形で肥大できる限り肥大し、それは限界にきていました。

国際社会が胡錦涛政権に期待していたことは北京オリンピックを機会に、中国の政治が民主化に転換していくことでした。

ですが、胡錦濤は自分の能力や健康状態を考えると、党内権力闘争を戦いながら、それを行うのは困難であることがわかっていたのです。

江沢民は市場経済と中国共産党体制の矛盾を解消するために、党に資本家を入れるという形でやり過ごしましたが、党幹部と市場経済の利権が完全に癒着してしまい、中国共産党は〝金持ち倶楽部〟に変質していたので、党内部から腐敗や格差の問題を是正することは極めて難しくなっていたからです。

胡錦濤ができることは、江沢民から受け継いだ国家資本主義体制の〝果実〟をできるだけ損なわないように、またその果実と表裏一体になっているリスクも爆発しないように、慎重に、そのまま次世代指導者、つまり習近平に渡すことでした。胡錦濤は、中国の政治と経済の体制の不一致から出てくる様々なひずみを対症療法でごまかしながら、政権を習近平に譲ったのです。

しかし習近平も決して高い能力や決断力をもつ政治家ではありませんでした。そしてなにより民主化や資本主義に対して懐疑的でした。彼は強烈な毛沢東の政治を思春期の多感な時期に刷り込まれた〝毛沢東チルドレン〟だったからです。

おりしも、国際世論のなかには米国式資本主義や米国式グローバリズムを否定する声が多くありました。米国式グローバリズムこそ世界の格差を拡大させたのだ、という批判です。それを補う新しいスタンダードとして、「北京コンセンサス」という言葉が使われていました。米国の価値観を受け入れにくい中東やアフリカの部族社会では、米国スタンダードではなく、北京のような国家資本主義、権威主義的市場経済モデルがいい、という見方です。

また、重慶市の書記だった薄熙来の改革が「重慶モデル」といわれて一部の米国の学者らからもてはやされていました。

薄熙来はクーデター未遂で失脚する前、重慶で「打黒唱紅」という文化大革命に似た手法で政治運動を行いました。

具体的には金持ちの企業家、官僚を汚職容疑でがんがん捕まえ、その資産を召し上げて庶民に分配するというやり方です。これが格差是正政策のモデルとして、なんと一部欧米学者から評価されていたのです。

もちろん社会科学院でメディア研究を専門にした経験がある薄熙来のメディアコントロールがうまかったということもあります。こうして欧米の評価も高く、大衆の支持も得ていた薄熙来は習近平から政権の座を奪おうと画策するわけですが、それは未遂に終わり、薄熙来は失脚します。

ですが、こうした薄熙来の文革的手法によりあわや自分の地位が奪われかけた事実を目の当たりにした習近平は、中国が目下直面する国家資本主義体制の限界をどう乗り越えていくかというテーマにおいて、民主化よりも「毛沢東的文革的手法」を選ぶのです。

いや、選ぶもなにも、それ以外の方法を彼は知らなかったのです。鄧小平や胡錦濤と違い海外経験がほとんどなく、大学も〝毛沢東推薦〟で入った習近平にとって手本となる思想家や政治家は毛沢東のみ。自分が鄧小平チルドレンでなく、周囲から期待されていないというコンプレックスから、人に教えを請うことも苦手でした。

おりしも、習近平が最初に対峙した米国のオバマ政権は、習近平からみても弱腰で頼りなく、中国が米国と対等に大国同士の外交ができると思い込んだのでした。

実際、南シナ海の岩礁島は面白いように、実効支配ができ、軍事基地化できました。当時の海軍司令であった呉勝利（ごしょうり）は「南シナ海の岩礁島の実効支配がうまくいったのは、習近平同志の解放軍への支持と米国オバマ政権（の弱腰）のおかげである」とはっきり語っています。

こうして習近平は米国に対して新型大国関係という米中2国で世界を分けて支配する構

想を持ちかけるのです。

これは「太平洋二分割論」ともいわれていますが、太平洋のハワイあたりで東と西に分け、「中華的スタンダードと米国式スタンダード」「北京コンセンサスとワシントンコンセンサス」の2つの国際秩序や政策ルールで棲み分け、協力しながら世界を安定に導いていこうというのです。

米国はこのころから、中国の傲慢さに気づきました。

価値観の対立

米国はそれまで議会も庶民も圧倒的に〝親中〟でした。米中は〝強さ〟を基準に物事を判断するという点で、似通ったところがあり、実は日本人よりもお互いを理解しやすいのではないかと思います。

日本人の価値観は独特で、比較的、弱い方に同情的になりがちです。俗にいう判官びいきです。スポーツの試合でも実力の劣った方が強敵に立ち向かうというストーリーが好きですし、ケガなどで不利な選手がたとえ負けても精いっぱい頑張ったところに感動を覚えたりします。

選挙でも、日本では支持者が決まっていない浮動票は期日前投票で不利という情報が流れる方に投票する傾向がありますが、中国は絶対、勝ち馬に乗る選択をします。

日本人には敗者を徹底的に追い詰めるのは卑怯だという価値観があり、敗者も負け方の美学、追いつめられる前に美しく負けることを考えたりします。将棋の投了でも、素人目にはまだ勝ち筋があるんじゃないかと思えるような段階で負けを認めるでしょう。この敗者の美学を尊ぶ日本では、敗者の恨み、というのはあまり深くは残りません。追いつめられてからの負けではないからです。

ですが中国は、「敗者は完膚なきまでに負かさないと、復活して復讐に来る」と恐れます。水に落ちた犬は徹底的に叩くわけです。負けた人間には誰も同情せず、すべてが失われるわけですから、負けがわかっていても最後まで徹底的に抗うのです。そのため、敗者の恨みはものすごく強く、何代にも亘って受け継がれるのです。日本への〝抵抗〟が戦後75年以上経っても中国共産党執政の根っこにあるというのは、そういうことです。

中国は、かつては敵同士だった米国と日本が真に仲が良いとは信じていません。中国的価値観からいってそれはありえないからです。

　だから、かつての反ファシスト世界戦争で米中はともに日本の敵でしたから、今なお米中がともに手を取り合って、日本の軍国主義を抑えて、世界を支配しましょう、という提案は、レームダック期に入ってきた米国も受け入れるだろう、と考えたわけです。

　中国はおそらく、日米から受けた投資や援助を得たのに「裏切った」という意識ではなく、本気で、日本はいつか軍国主義化して復讐の機会をうかがっているとどこかで思っており、また、米国とは力の信望者の大国同士として、対等に渡り合えるパートナーになりうる、と思ったのではないでしょうか。

ただ、そういった対米政策を含む外交政策は、習近平の大きな誤算だったのです。

　見誤った点は二つです。一つは、中国は米国と対等に渡り合えるだけの実力をすでに持っていると、中国の実力を過大評価したこと。

　もう一つは米国の本質を見誤ったことです。習近平は米国を同じ力の信望者として共通の価値観を持っていると思っていたかもしれません。ですが、米国の価値観には中国とは絶対に相容れないものがあったのです。つまり「開かれた自由社会が貴い」という考えです。

　英語で政治を意味するpoliticsは都市や市民権などを意味するポリスが語源です。これを中国語の「政治」という言葉にあてはめたのは日本ですが、中国語の政治という言葉が最初に登場したのは一説によれば、「尚書」(書経)で「道洽政治、沢潤生民」からきたといわれます。「政」は権力秩序、法制を意味し、「治」は統治を意味し、立法と行政を合わせたものを政治と呼び、それによって人々を豊かにするのが政治なのです。

王岐山はフランシス・フクヤマに「中国語の政治とは人民を管理することです」と説明したそうですが、中国は管理、支配する側と支配、管理される側が分かれているというのが政治の前提にあると思うのです。

開かれた自由社会というのは、市民が話し合って国の在り方を決めるポリティクスで運営される社会で、中国は天命を受けた支配者の絶対権力が無知蒙昧な〝泥の滴〟から生まれたような民百姓を管理統治する閉じられた監理社会が前提となっています。

同じ力の信望者でも、根っこの価値観がまったく対極にあったのです。

ここで米国は中国の台頭を本気で脅威と感じ始めたのです。

自分たちとまったく価値観を異にする国が、対等の立場で付き合いましょうと言い出した。日本も一時期は米国をしのぐか、という大国になりかけたのですが、価値観については米国式のものをほぼ完全に受け入れています。また「力の信望者」ではなく、敗者が徹底的に奪われ絶滅するという経験もありませんから、負けること自体にさほど恐れや屈辱感がないのです。

日本には「負けるが勝ち」という価値観もあって、国防や国家としての重要な部分を米国にまかせっきりでも、その分、経済が潤い民生が向上するのであれば構わないという考え方でした。

だから、「米国の準植民地」だとか「ポチ」だとか国際社会で思われても、そんなに卑屈にはならなかったのです。

こうして日本は共通の価値観と日本的な「負けるが勝ち」的考え方のおかげで、米国の敵にならずに済んだのですが、実力をつけてきた中国と米国は世界の覇権をめぐってガチンコの「文明の衝突」時代、「米中新冷戦構造」時代に入ったわけです。

貿易戦争の行方

今、米国と中国の間での、いわゆる兵器を使わない戦争は3つあります。

①貿易戦争
②華為技術を西側同盟国市場から締め出す5G覇権戦争

③一帯一路VS.開かれたインド太平洋構想

そのほか、宇宙覇権競争、海洋覇権競争、ＡＩ競争といろいろ小さな対立はあるのですが、これらは大きな枠組みで見れば、世界の基準を米国スタンダードが取るか、中国スタンダードが取るかの覇権争い、といえるかもしれません。

①の貿易戦争は今後どうなるでしょうか。

この稿を執筆中、中国の春の政治イベント「全国人民代表大会」（２０１９年3月5日～15日）が開催され、「外商投資法」が成立しました。外商投資法は全人代開催前の2月下旬に行われた第7回目の米中通商協議を受けて、中国側が米国の要求を受け入れる形で作られた法律です。

米中貿易戦争は、建前はトランプが選挙公約のなかでも触れていた米中貿易不均衡の是正を目的としたものですが、米中新冷戦の大きな枠組みでみれば、最初の本格的な冷戦の開戦といえます。米国が中国製造の輸入品に対する関税引き上げに踏み切ったのは２０１８年7月6日ですが、この貿易戦争をめぐる通商協議は同年5月から始まりました。２０１９年2月まで通算7回の協議を経て、米国側の8つの要求に対して、中国側はそのうちの5つについて妥協を認めました。

米国側の8つの要求は以下の通りです。

①中国側貿易黒字の削減。
②米国の知財権保護と米企業に対する技術移転の強制禁止。
③関税及び非関税障壁の減少。
④行政干渉の減少及び米企業を含む外国企業への差別政策の減少。
⑤米企業の商業機密に対する中国政府が関与するネット窃盗行為をやめる。
⑥国有企業に対する補助金制度及びいわゆる政府指導をやめる。
⑦人民元操作による貿易利益の画策（人民元安）を停止する。
⑧これらの問題に対し強制執行メカニズムと監督懲罰メカニズムを必ず実行する。

中国側の妥協点は次の通りです。

①将来6年に亘って米国商品購入額を増額し、1兆2000億ドル規模にする。それには大豆などの農産品及び石油、石油ガス、サービスが含まれる。
②中国は米国企業に大幅に市場開放し、行政審査の透明度を高め、外国合資企業の株価割合制限を一部撤廃する。

③中国は知財権保護強化の立法を承諾し、市場進出の交換条件としての技術移転強制を禁止する。
④中国は政府がインターネットのクラッキングによって窃盗行為を指示していることは認めないが、中国のクラッキング行為に対する取り締まりを強化すると約束。
⑤中国は人民元相場を安定させることを承諾し、為替市場の干渉を大幅に控える。
そして米中の埋められなかった溝は次の4点でした。
①中国は産業政策を決定する権利、国内企業に対する指導は堅持していく。ただし、国有企業に対する産業補助は〝明らかに減少させる〟。
②中国はこうした構造的改革について期限を長めに取ることを要求する。立法・執行作業には非常に時間がかかるからだ。
③中国側は米企業と中国企業の間に知財権問題が紛糾した場合、中国の法廷が裁決権を完全に有する。
④協議合意内容の執行、監督、懲罰メカニズムについて、米中の意見は対立している。
特に④の部分で、双方が納得する着地点を探るのが難しそうです。

中国側は米国に、8つのうち5つも妥協し、その誠意を見せるために、全人代で外商投資法を成立させたほか、李克強首相が読み上げた政府活動報告で米国が警戒感を強めている「中国製造2025」の戦略名をあえて使いませんでした。王毅外相や発展改革委員会の記者会見などをみても、全人代の雰囲気は非常に米国に配慮したものが感じとれました。

この外商投資法の中身を簡単に紹介するとポイントは5つあります。

①外国企業に関して投資前の内国民待遇を与えネガティブリスト管理制度を導入する

これまでは投資前に最恵国待遇は与えたけれど国民待遇は投資後にしか与えてきませんでした。また市場参入できる業種についてもポジティブリスト（リストに挙げた業種だけが市場参入できる）管理制度でしたが、ネガティブリスト（リストに挙げた業種以外の全産業が市場参入できる）管理方式とするということです。

中国社会科学院の孫憲忠（そんけんちゅう）はこの条文について「外商投資管理体制を根本から変革するものだ。ネガティブリスト管理は、投資審査のプロセスを簡素化でき、開放的で公平、透明、予測できるビジネス環境を外国企業に与えることになる」と評価しました。中国では上海自由貿易テスト区で初めて外国企業に対するネガティブリスト管理を導入しましたが、今回の法律でこの方式が全面的に導入されることになりました。

②国内外資本一致の堅持

第15条で、外商投資企業の平等な参与基準を国家が保障するとし、第16条で公平な競争と政府購入活動参加なども法を通じて国家が保障するとした。

内外資本企業を公平に待遇することが明確にされました。「外国企業の関心に応えた法案であり、政府購入や、入札基準などをさらに透明化するシグナルとなったので、中国市場にとって外資の吸引力は非常に大きくなるだろう」と全国政治協商委員でデロイトトーマツ中国の副主席執行官の蔣頴(しょうえい)はコメントしています。

③知財権保護

第22条で、外国投資者と外商投資企業の知財権を国家が保護し知財権権利人と関連する権利人の合法権益を国家が保護する、と規定。

技術協力問題について、「当事者の希望と商業ルールを基礎にして技術協力の展開を応援する」「行政機関及びその職員が行政手段を利用して技術移転を強制してはならない」

と言明しました。

④健全な外商投資サービスシステムの確立

外商投資環境を優化（最適化）し、投資サービスシステムを完成させる。国家は健全な外商投資サービスシステムを打ち立て、外国の投資者及び投資企業に法律法規、政策対策、投資項目情報などのコンサルティングとサービスをきちんと行う。

蔣頴によれば、このシステムは政府の職能の転換を有効に推進できるようです。政府と企業のコミュニケーションメカニズムを構築でき、政府にさらに主導的に企業により多くのサービスと支援を与えさせることになるといいます。「外資企業にすれば、中国の各政策法規を深く理解し、市場の動向を適時に掌握し、さらに企業競争力を向上させることができる」。政府機能をコンサルティングに限定することで、それ以上の干渉を制限する意味合いもあるとみられています。

同時に、国家が必要に応じて、特殊経済区域（たとえば経済特区や特別関税区）を設立し、部分的地域で外商投資のテスト的政策を実施し、外商投資を促進し、対外開放を拡大できる、としています。この条文が入ることで、中国の改革開放の経験を総括できるだけでなく、さらに高水準の対外開放が推進できるようです。

④外商投資情報報告制の確立

国家は外商投資情報報告制度を確立し、外国投資者及び外商投資企業が起業登記システムや企業信用情報の公開を通じて、商務主管部門に投資情報を報告しなければならない。情報を報告しなければ、罰則規定があり、期間内に報告がなければ、10万元以上50万元以下の罰金対象となる。

これは新型外商投資管理モデルに適応した新制度で、政府が外資情報をよりよく理解し、外資政策を制定し、外資管理を行うためのものです。多くの国家、地域がこの類の制度を導入しています。これは投資者の権利と義務の統一を体現しているようです。

⑤外資投資制限の撤廃

・外国投資者が単独及びその他の投資者と中国国内で外商投資企業を設立できる。
・外国投資者が中国国内で株式、株券、財産シェアその他類似の権益を得ることができる。
・外国投資者が単独及びその他投資者とともに、中国国内で新しい投資プロジェクトを起こすことができる。

など外資の単独投資や新規プロジェクトの権利も認めました。また法に基づく株や社債発行その他の融資手段も認めました。

また、外国企業の資金移動の問題については第21条で「外国投資者の中国内での出資、利潤、資本収益、資本処分による所得、知財権使用許可費用、法に基づく補償、賠償、所得清算などは、法に基づき人民元または外貨で自由に送入金できる」としました。〝法に基づき〟という文言の解釈が微妙ですが、今までは外資企業が撤退しようとしても、中国国内の資金を簡単に持って帰れない状況だったのが、改善されるのではないかと期待されています。

外国企業が課せられる義務としては、投資情報報告義務のほか、中国の法律に従い、国家安全に危害を加えてはならず、工会（労働組合）を必ず作り、中国が企業評価に使う信用情報システムに組み込まれることなどが明記されました。銀行、証券、保険などの金融業界、債権市場、外為市場などへの投資管理については、別に規定が作られるとのことですが、債権市場の自由化路線も政府活動報告のなかで打ち出されています。

全体的にみれば、中国の投資環境は大きく改善されると期待され、技術移転強制の問題については「行政手段を用いて技術移転強制をしてはならない」という表現に、外国メディア側から「行政手段とはどんなものか」「行政手段以外の方法という抜け道が出てくるのではないか」といったあいまいさを指摘する声もありますが、おおむね評価する声の方が多いと思います。

ただこの立法をもって米中貿易戦争は終結、というわけにはいかないと思われます。

5月に入って、トランプは中国からの輸入品2000億ドル分にたいして10％の関税を25％に引き上げ、米中貿易戦争はむしろ激しくなっています。どうやら中国がいったん譲歩した内容について、再び再交渉を求めたからのようです。

最終的には、たとえ米国の追加関税引き上げが一時的に棚上げになっても、いつでも貿易戦争は再発し、最終的には米国の本当に要求する「真の構造改革」に中国が取り組まざるをえない、という形になるということです。

真の構造改革を迫られる中国

「真の構造改革」とは何でしょうか。

これは普通の自由社会の資本主義で、米国や国際社会で通用する共通のルールのもとの自由主義的市場経済で中国国内経済を運営するということです。

中国のこれまでやってきた国家資本主義でも権威主義的市場経済でもなくて、普通の資本主義で、市場主義で、経済を運営するために一番必要なのは法治です。この法治は中国共産党が法を使って人民を管理監督するものではなく、法の下の平等、司法の独立を含む三権分立を前提としたものです。

習近平は何度も「サプライサイドの構造改革」をスローガンに謳っていますが、これは、中国共産党の指導によって行われる企業淘汰による改革であり、具体的には民営企業の国有化や小規模国有企業を併合して、産業をメガ国有企業に独占させる形で、産業界全体に対する党の指導を強化することです。

それによって、国産品の供給量を増やし、外資を組み込まない国内産業チェーンを構築し、外国製品、輸入製品を市場から追い出し、中国の巨大市場を中国国内産業チェーンで支えていく、という考え方です。言葉は似ていますが、ほとんど対立する概念なのです。

トランプの求める構造改革は、対外開放によって外国企業と国内企業が同じ法体系とルールで公平に競争することによって行われる企業淘汰による改革です。前提は、党と政府の経済への干渉を基本的になくすことであり、本質は、経済改革と政治改革をセットで実施せよ、ということです。

つまり米国の要求する「真の構造改革」は、突き詰めれば中国共産党一党独裁体制の崩壊につながる改革なのです。

習近平はこの米国の要求する改革に対して改革開放40周年記念の重要演説で「改革できること、すべきことは改革するが、改革できないこと、すべきでないことは改革しない」という表現ではっきりとノーを突き付けていました。

党内には、中国経済の行方をめぐってかなり厳しい意見対立があり、米国の外圧を借りて真の構造改革を推し進めたい改革派もいると、私は聞いてます。

だから2018年夏ごろから「習近平おろし」や「宮廷クーデター説」の噂が出ていたというのです。

全人代の空気感やこの外商投資法の成立などをみると、米国の外圧を利用した改革派の意見が反映され、習近平も不承不承、それを受け入れているようにはみえるのですが、それが中国共産党体制の崩壊につながってくるとなると、まだ米国への抵抗感も復活するでしょうし、なにより習近平もおとなしくしているとはかぎりません。

おそらく、貿易戦争はさらにエスカレートして華為問題を中心とする5G覇権戦争とリンクしていくのではないかと思うのです。

華為問題の行方と5G覇権

「華為」とは華為技術、ファーウェイテクノロジーという中国のナンバーワン・ハイテク企業です。

創始者にしてCEOの任正非（じんせいひ）は解放軍の化学繊維工場の技術兵出身。退役後、同じ解放軍出身の仲間とともに1988年に華為公司を創立して総裁となりました。このころ軍のエンジニアが軍の後押しを受けて作った民営企業は、ほかに中興通訊（ZTE）、巨龍、大唐電信があります。4つの頭の字をつなげると「中華巨大」。中国を大きくするための期待が託された企業でもありました。

目的はシスコなど米国企業の依存度が高かった中国の通信システムの国産化です。中国はシスコなどの米国製通信インフラを使うと、軍事などの重要情報が米国に漏れてしまうと懸念したわけです。華為はこの四大企業の筆頭の出世企業です。

孟晩舟 ©AP/アフロ

90年代の無線通信業界に参入後、解放軍の資金提供と後押しもあり、瞬く間にＩＴ企業の雄に躍り出ました。２００３年にはネット民が選ぶ中国ＩＴ重大人物の一人に選ばれ、２００５年には米タイム誌が選ぶ世界に影響を与える１００人の一人に選ばれました。２０１１年にはフォーブス誌の中国人長者番付92位に入っています。

その実の娘が孟晩舟で、華為の副会長兼ＣＦＯを勤める事実上のナンバー2です。

彼女は２０１８年12月１日、メキシコからトランジットに降り立ったバンクーバーの空港で、対イラン制裁を回避するために複数の銀行を欺いて情報操作した疑いで逮捕されました。これはカナダと犯罪者引き渡し条約を結んでいる米国からの要請に応えたものでした。

おりしもブエノスアイレスでは米中首脳会談が行われ、２０１９年１月１日に期限が迫っていた対中製品への追加関税引き上げを延期することで合意したところでした。トランプは孟晩舟逮捕のことを知らなかったとうそぶいていましたが、習近平にしてみれば、かたや中国に譲歩したように見せかけた上で、暗黙の脅しをかけられたようで、愚弄された印象を持ったことでしょう。

孟晩舟は1000万カナダドルという高額の保釈金を支払って保釈されていますが、電子足かせを付けられ24時間監視下におかれています。米司法当局が正式に起訴したことで3月から引き渡し審理のプロセスに入りました。孟晩舟は逮捕状が示される前に不当な尋問を受けたとして被疑者の権利侵害をカナダ司法当局に訴え、抵抗しています。

中国は孟晩舟の逮捕を不当逮捕だとして即刻の無罪釈放を求めているほか、報復ともいえる形で中国滞在中の元外交官のカナダ人、マイケル・ゴブリグとカナダ人実業家のマイケル・スパバを「スパイ容疑」で逮捕しました。また、麻薬密売容疑で起訴されていたカナダ人男性に極刑判決も出しました。

こうした中国当局の恫喝圧力のなか、引き渡し審理の公聴会は5月8日に延期されています。銀行詐欺など23の罪状に問われている孟晩舟が米国に引き渡されないためには、米司法当局が起訴を取り下げるか、引き渡し審理で孟晩舟が政治的理由で不当逮捕されていることを証明するか、カナダ司法相が政治判断で引き渡しを拒否するか、ぐらいしか方法がありません。ですが普通に考えれば、米国もカナダも司法は独立しており、中国のように政治的判断で自由に裁判を操れるものではありません。孟晩舟が米国に引き渡されるのは時間の問題といえるでしょう。

さて、なぜ米国は華為を目の敵にしているのでしょう。米司法当局及びCIAはかれこれ6年前から華為について調べているそうです。華為が米国から軍事技術や情報を盗んでいるというスパイの可能性を疑っているからです。ですが、それだけでなく、次世代通信技術5Gの国際標準を米国が取るか中国が取るかという通信覇権をめぐる対立が背景にあることはいうまでもないことなのです。

華為はすでに触れたように解放軍と密接な関係をもちながら、表向きの顔は民営の多国籍企業。インドやストックホルム、米国に次々と研究開発センターを創設し、海外の優秀な技術者を集めまくり、シーメンスやモトローラなど海外の大手技術企業とも合資合弁会社を作りまくり、2005年には中国国内での売上げより海外での売上げが多くなりました。

2008年にはモバイル設備市場世界シェア3位、モバイルブロードバンド商品累計出荷額世界シェア1位、国際特許出願数も首位に。2018年にはスマホ出荷量でアップルを抜き世界シェア2位。さらに2019年から各国で商用サービスが本格化する5G網構築の主導権を米企業クアルコムなどと争い、その結果次第では中国が次世代の通信覇権を奪うことになるといわれているのです。

さらに2017年の年間売上げは925億ドルで、売上げの10%以上を研究開発費に向け、最近ではAI向け高性能チップ開発にも成功、量産を開始し、米企業の牙城に切り込もうとしています。

一言で言えば習近平政権が国家戦略の一つとして掲げる「中国製造2025」の中心をなす通信技術、AIのイノベーションを支える基幹企業であり、同時に解放軍の情報戦やサイバー戦を支える技術開発の先鋒ということです。

逆に言えば、華為を潰せば中国の通信覇権の野望を砕き、米国の国家安全を脅かす中国のサイバー戦、情報戦を抑え込むことが容易になるのです。

華為がスパイ企業かどうか、という点については、私は確証をもっていません。ただ華為ならば、それができる実力と背景はあると思われています。

華為の技術開発面を主導していたエンジニアの孫亜芳はもともと中国インテリジェンスの国家安全部の通信工作を担当していた人物であると米国防省の報告書にあります。暗黙の了解として一度国家安全部に所属した人間は退職後も国家安全部の仕事を継続しているのが普通です。つまり華為内にありながら中国インテリジェンスの任務にあたっていた、と米国は考えていました。

そうなると、華為が自社製品を通じてスパイウェアやマルウェアを米政府や米軍の中枢システムに送り込み、軍事技術窃取や盗聴、時限的サイバー攻撃などを仕掛けるのではないかと危惧するのは当然ともいえます。ですから２００８年以降、華為の米国企業への投資を対米外国投資委員会はことごとく拒否してきました。

２０１２年、米上院議会は華為、ＺＴＥの商品が中国の諜報活動に便宜を図っているとして一年の調査ののち、市場から排除するよう警告しました。トランプ政権になってからは、自国市場で華為、ＺＴＥ製品を排除するだけでなく、米軍基地などが置かれている同盟国でも中国通信機器・設備の排除を呼び掛けています。米国及び米同盟国ら西側社会から華為の締め出しが成功するかしないかは、実は孟晩舟が米国に引き渡されるか否かにもかかっています。

華為製品締め出しについては、２０１８年暮れの段階で米国、オーストラリア、ニュージーランド、英国、カナダのファイブアイズ及び日本も一応の同意をし、ＥＵも華為はずしに傾いているとはいえるのですが、２０１９年に入ってから、英国が華為製品を使用してもリスクはコントロールできると言い出しています。これに対し華為側も必死にロビー活動をしているということです。

ファイブアイズの一角の英国が揺らぐと、おそらくはEUなど他の華為排除にためらいを感じている国もどうころぶかわかりません。日本の経産省にも、華為ジャパンが腰を低くして、いろいろ相談に来ているという話を聞きました。これに勇気を得たのか、華為はテキサスの米子会社を通じて2019年3月、華為製品の一方的な市場締め出しを決めたことの違憲性を争う裁判を起こしました。

華為製品が締め出された根拠は米国防権限法という毎会計年度に決められる国防政策に関わる法律です。

2019年度のこの法律で、華為やZTE、ダーファ、ハイテラ、ハイクビジョンの中国ハイテク企業5社を米政府の情報システム調達5社から排除することを決定しました。米国の国防政策に関わる法律ですから、この法律の違憲性を問うことはかなりハードルが高いというか、無理筋だと思うのですが、華為としてはとにかく国際世論に懸命に抵抗して見せて、自分たちがスパイ企業であるというイメージを払拭しなければならないのです。

各国が華為を排除すべきか迷ってしまうのは、やはりそれなりに資金のかかる5Gインフラ建設ですから、より安くより品質のいいものを望むのと同時にすでに相当の投資を華為から受けているからです。

また、華為が企業として中国政府のスパイ行為にどれだけ加担してきたのか明確な証拠というのはまだ公式に提示されていません。もし、孟晩舟が米国に引き渡されて本格的に取り調べが行われたら、そういう具体的な証拠が挙げられると米国サイドは考えているようです。

逆に孟晩舟も引き渡されず、万が一にも華為の米国市場締め出しの違憲性が認められれば、華為が濡れ衣であったと言い張れるので、国際社会の華為包囲網は一気に決壊するかもしれません。ですから、中国も、華為も、孟晩舟を取り戻すのに必死なのです。

トランプ政権が華為潰しに成功し、5G覇権を米国が取るのか、あるいは華為が生き残り中国が5Gの国際標準を決めるのか。私は少なくとも西側先進国市場から華為は締め出される代わりに、中国14億市場及び一帯一路沿線国家の中東南アジアやアフリカの一部親中国家では中国標準の5G網が独占するのではないか、と考えています。この市場の色分けがそのまま米中冷戦構造の陣営の色分けになるのではないでしょうか。

となると、中国の5G戦略が生き残るかどうかは、一帯一路戦略が成功するか否か、ということと深く関わってくるわけです。

一帯一路戦略は成功するのか

一帯一路戦略とは「新シルクロード構想」とも呼び、２０１３年に習近平が自らの最重要国家戦略として打ち出しました。

かつての「絹の道」、アジアとヨーロッパをつなぐ陸と海の交易ルートの沿線国家を一つの経済体として中国主導でまとめていこうというアイデアで、これは中国が目指す中華民族の偉大なる復興、つまり中華秩序とルールで支配された人類運命共同の構築のひな型というべきものです。そしてこれには極めて軍事戦略的な意義もあります。

地政学的要衝を持つ国に中国は多額の融資をしてインフラ整備して、相手政府がいざ借金を返せないとなると、そういう要衝の港などの長期租借権を抑えて、中国が軍事にも利用できる港湾、拠点を事実上確保するわけです。そうやって抑えた軍事的要衝が、パキスタンのグワダルやスリランカのハンバントタ、ギリシャのピレウス港などです。

この戦略はアジアインフラ投資銀行（ＡＩＩＢ）という中国主導の国際金融機関の設立とセットで、意欲的に進められてきましたが、これまでの5年の経緯を振り返れば、実際のところ失敗に終わっています。

確かに一部の港は手に入れましたが、参加国、周辺国からは「債務の罠」「中国版植民地政策」と非難され、インフラ建設支援を受けているはずの国からも恨まれました。中国国内の銀行や企業は経済的利益の見込みが立たないなかでの投資ノルマと債務不履行に不満が高まっています。資金ショートで棚上げになってしまったプロジェクトも続出しました。エチオピア―ジブチ鉄道は棚上げとなり、マレーシア―シンガポール間高速鉄道プロジェクトは一時中止（のちに経費3割減で継続を発表）、パキスタンの政権交代に伴う一帯一路事業の見直しなどがありました。

ですが、この一帯一路戦略は習近平が党規約にまで書き入れてしまった中国共産党の長期的戦略ですので、途中で放り出すわけにはいきません。

さらにいえば、この戦略の成否は、先ほど説明した中国の5G覇権で少なくとも米国に完全敗北しないためにも重要なのです。一帯一路に中国製5Gインフラを張り巡らせれば、米国やその同盟国市場から締め出されても、華為はじめ中国ハイテク産業は生き延びることができますし、米国及び同盟国市場よりも大きい地域を中華世界として支配できることにつながるからです。ですから米国としては中国に一帯一路を成功させるわけにはいかないのです。

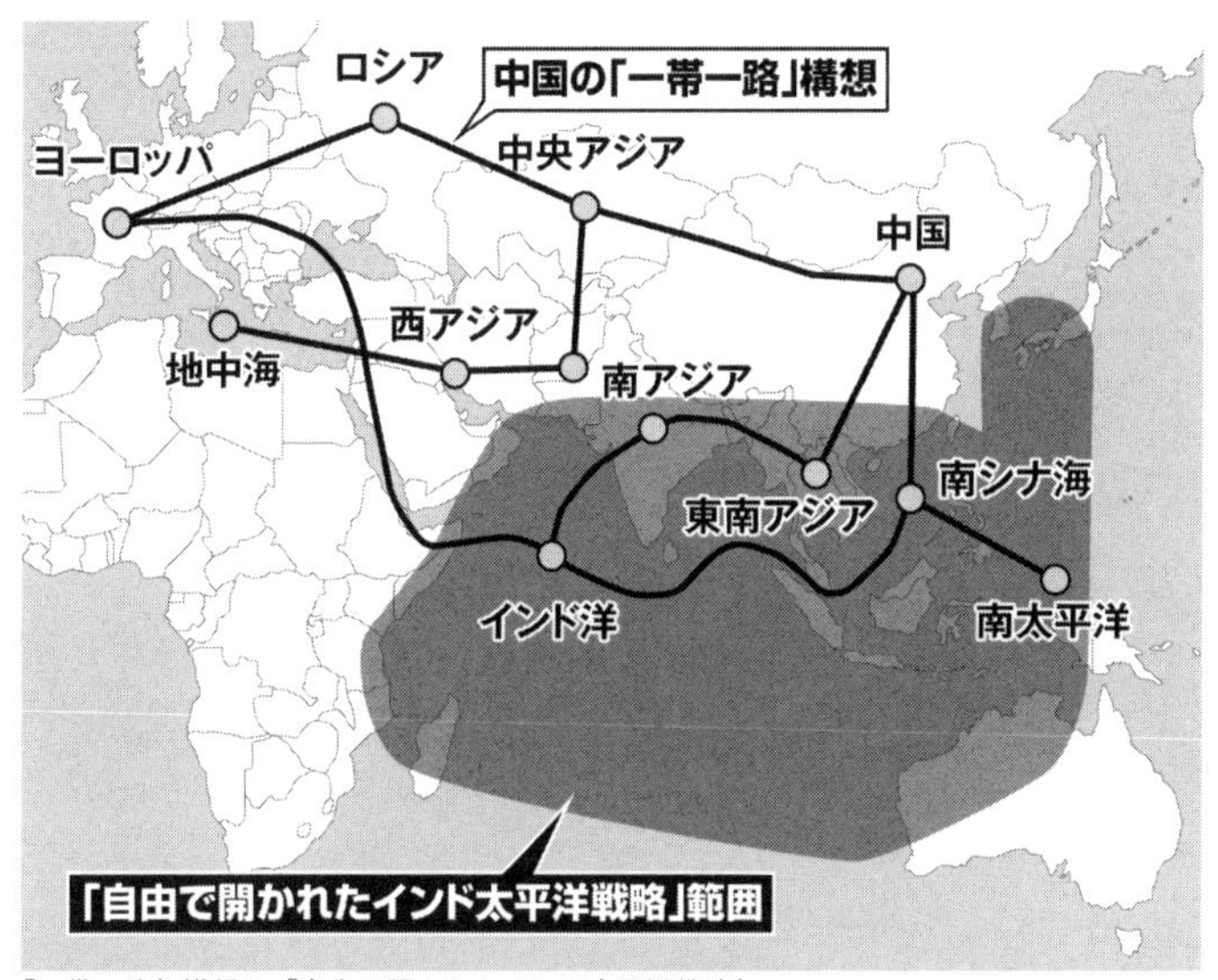

「一帯一路」構想と「自由で開かれたインド太平洋戦略」

そのための米国及び同盟国の戦略が「自由で開かれたインド太平洋戦略」です。

自由で開かれたインド太平洋戦略とは、もともと日本首相の安倍晋三が２０１６年のケニアで開催された「アフリカ開発会議」の基調演説で提示し、その後、米トランプ政権が同調し、２０１７年2月以降は米国の公式戦略にもなっています。日、米、インド、オーストラリアの民主主義の価値観を共有する4カ国を極として、東アジアからアフリカに至る地域で安全保障協力を構築していこうというアイデアです。一帯一路とおおむね地域がかぶり、一帯一路の拡大を封じ込める狙いがあることは一目瞭然です。

今のところインド太平洋戦略がうまく機能しているとはいいがたいのですが、少なくとも中国に対しては「インドアジア太平洋地域で好き勝手にさせない」という強いメッセージにはなっているでしょう。

中国の一帯一路が成功するか失敗するかは、インド太平洋戦略の動かし方と、米中貿易戦争で中国経済の体力をいかに削ぐかということ、中国による「一帯一路自体のイメージ」の転換ができるかどうかにかかっていると思います。

今のところ一帯一路は「債務の罠」「あこぎな中国版植民地政策」という負のイメージが強いのですが、このイメージ転換を中国は2019年の全人代から打ち出しています。王毅外相は全人代の記者会見で必死に一帯一路の「債務の罠」「植民地主義」「地縁政治」説を否定していました。

このイメージ転換のきっかけになりそうだとして、中国が期待しているのがG7メンバーのイタリアの一帯一路正式参加です。イタリア・ローマは古代シルクロードの終着点という象徴的な都市です。

G7の文化と歴史豊かな先進国が一帯一路を肯定すればそれだけで大きくイメージアップします。しかも中国はEUでは2012年から中国・中東欧諸国首脳会議（16＋1）を通じて投資協力を強化しており、ハンガリーやセルビアを取り込んでバルカン半島のインフラを抑えに行っているところです。

ギリシャのピレウス港の支配権はすでに抑えており、ここでイタリアが加われば、EUの地中海に面する部分でのプレゼンスも強化できます。

EUにはハンガリーのような親中派、フランスのような反中派が混在する地域ですが、中国は個別撃破方式で国別にアプローチし、EUの団結を切り崩し、親中派国家をEU内に増やしていこうとしています。一帯一路戦略の成功にはEUの積極的協力が欠かせないのです。

もう一つのイメージアップ要素は日本です。

2018年秋の安倍晋三訪中の際、日本は「第三国市場における日中協力」という形で一帯一路協力を表明しました。すでにタイで日中協力プロジェクトがスタートしていると中国は喧伝しています。

日本は国際的にクリーンなイメージがあり、またアジア開発銀行を主導しており、国際開発援助の実績もあります。日本が一帯一路に参与するなら信用できると思う国も少なくないでしょう。

中国も日本が協力しているということをアピールしていました。「自由で開かれたインド太平洋戦略」を米国とともに主導している日本が、一帯一路協力に積極的という一見矛盾する行動をどう説明するかは次の「第九章」に持ち越すとして、こうした一帯一路のイメージ転換に成功させ、頓挫しかけている一帯一路戦略が息を吹き返せるかどうかが、5G覇権争いで米中どちらに軍配が上がるかの決め手にもなると思われています。

中国製造2025の行方

貿易戦争、5G覇権戦争、そして一帯一路VS.インド太平洋という米中対立の構造にもう一つ深く関わる要素は「中国製造2025」です。米国の〝華為潰し〟は「中国製造2025」潰しでもあります。

これは中国の製造業の高度化転換に向けた産業政策で2015年に打ち出されました。5Gに代表される次世代通信・情報技術やAI、宇宙開発、新エネルギー自動車、原発などの10の重点分野における製造業の高度化、ハイテク製品の国産化を2025年前後に目標を達成するというものです。

それぞれに国産化達成率目標を掲げており、たとえば5Gシステム設備は国内シェア8割、世界シェア4割を目指しています。この政策で一番力を入れているのは半導体の完全国産化でしょう。

半導体は通信技術システム、AI、宇宙開発、自動運転自動車などあらゆる部門の製造業でコアの部分となるものですが、そのほとんどの技術が米国企業のものです。それを中国は国産化に切り替えたいのです。半導体の国産化率目標は2020年に4～5割、2025年で7割を掲げています。2017年の段階で国産率は13・4％で、2018年もハイエンドチップの8割は輸入に頼っています。

中国国内の半導体製造企業のトップ3はサムスン、中芯国際、SKハイニックスですから、純粋な中国企業は中芯国際のみ。中国製造2025戦略に沿って作られた純国産半導体企業は清華大学系の紫光集団長江ストレージ、合肥長鑫（イノトロン）、福建省晋華集成電路（JHICC）の3社ありますが、長江ストレージの基本技術はドイツのキマンダを継承し、イノトロンやJHICCはマイクロンなど米企業の技術者を引き抜いたり、米企業から技術提供を受けた台湾企業を通じて得た技術がもとになっていて、これはトランプが仕掛けた米中貿易戦争の知財権窃取の問題の焦点となっています。

ＪＨＩＣＣはマイクロンの知財権を侵害しているとして、マイクロンから訴えられていますし、米政府からも対米輸出規制措置を受けています。

また、米国製造設備のＪＨＩＣＣへの輸出も禁止されています。

つまり、技術は米国から盗んだもので（中国側の言い分では買ったもの）、製造設備は米国製で目下国産では代替が利かず、そして米国からは強い圧力を受けています。イノトロンもやがて同様の問題に直面しそうです。長江ストレージは技術面でまだ問題をかかえているようです。

ちなみに半導体設計の分野では国内企業トップ３は深圳市の海思（ハイシリコン）、清華紫光展鋭、深圳中興微電子技術。ハイシリコンは華為子会社で、クアルコムのスナップドラゴンに匹敵するといわれるスペックのキリンを開発したことでも知られていますが、今のところ華為の製品だけに提供しています。

米国が華為を敵視する理由の一つがこのあたりです。クアルコムは売上げの３分の２が中国市場ということもあってバリバリの親中企業ですが、米中貿易戦争半導体部門では米国代表として中国代表の華為と対決させられる役回りとなっています。中国の半導体設計企業全体でいえば、２０１８年段階で世界シェアの１％程度です。

携帯電話、ブロックチェーンによる仮想通貨のマイニングに使われるコンピューターチップは中国産もそれなりのシェアを占めていますし、Ｅコマースに使われるＭＥＭＳセンサーと呼ばれるデバイスは欧米市場が独占していたところを、中国の罕王集団（Hanking）が切り込もうとしています。頑張っていることは頑張っているのですが、相対的に見て、５ＧやＡＩに使われるようなハイエンドチップの分野では、まだ米国と比較できる段階には来ていません。

さらにいえば、チップの製造設備は日、米、オランダ、ドイツがシェアを独占。中国がいかに設計技術を米企業から奪い、自分のものとしていても、米国が貿易戦争で半導体製造設備を提供しないということになれば、中国の半導体産業は完全に行き詰まることになるのです。

ちなみに米国が作れる製造設備のほとんどは日本でも製造できるので、実は日本の態度次第では風向きも変わってくるのですが、これは次の「第九章」で述べることにしましょう。

さらに貿易戦争では、中国が圧倒的に劣勢で、３月の全人代の様子をみれば全面的妥協に追い込まれそうです。となると、純国産半導体企業の本格生産は大幅に遅れることになり、半導体国産化率は、中国が当初目標に掲げていた２０２０年に４～５割達成というのは無理のようです。

２０１９年の半導体産業の展望に関する中国業界誌・国際電子商情のリポートを参考にすると、２０２０年までに15％達成というのが妥当なところでしょうか。

中国は２０１８年３月の全人代の政府活動報告では、「中国製造２０２５」という戦略名を盛り込みませんでした。２０１５年から毎年、全人代の政府活動報告に入れていたのに２０１９年には入れなかった理由は、米国に対する配慮もあるのでしょう。

表向き、米国に挑戦する意思はないのだ、というポーズかもしれませんが、実際に２０２５年目標が達成できない見込みだからだともいわれています。

ですが、百度、アリババ、騰訊を中心とするテクノロジー企業がＡＩチップの開発、量産に入っていますし、百度の〝崑崙（こんろん）〟、アリババのAli-NPU、アリババが買収した中天微、新たに設立した平頭哥半導体、騰訊の投資で創設された燧原科技などが動き出しています。

地平線、寒武紀などのＡＩ向け半導体企業が新製品を続々と発表しており、中国は半導体国産化と製造強国の夢を捨てたわけではありません。特にＡＩ分野は、今後中国の花形産業にするという狙いを定めて、ここ10年来、累計１５００億ドルをＡＩ開発にかけてきました。米政府が２０１７年にＡＩ開発研究費に割いた予算は20億ドルです。

そう考えると中国は２０１９年春の段階で、米中貿易戦争で米国側に大幅妥協をみせて、いかにも米国の求める通りの「真の構造改革」を受け入れるそぶりをみせながら、今までの国家資本主義的、帝国主義的路線を着々と進めて、米国と並ぶか、あるいは凌駕（りょうが）する国際ルールメーカーになろうとしているのかもしれません。

そのような中国の野望を許すかどうかは、まさに米国次第です。

米国企業のなかには、中国市場でのビジネスチャンスを惜しむ声も当然たくさんあるでしょうし、中国がある程度の妥協と誠意を見せているのなら、このへんで米中新冷戦構造の対立も緩和させたいという方向に米国世論が流れるかもしれません。

米国は民主主義国家なので、企業や世論などの意見が政策に影響します。そうなれば中国にも再びチャンスがめぐってきます。将来の世界が米国秩序圏と中華秩序圏に分割され、かつての冷戦構造、ココム体制に似た形での対立型安定期が来るかもしれません。

しかし米国がもし、中国の台頭を絶対許すまいと考え、次の世界も米国の理想とする「開かれた自由社会」を守ろうとするならば、中国の方が体制転換に追い込まれると思うのです。

いずれにしろ、米国が中国共産党体制の命運を左右する一番の「乱」の要素であることは間違いありません。

日本の立ち位置を考える

静かな全人代にみる〝習近平の敗北〟

2019年3月に中国の国会に相当する全人代（全国人民代表大会）が開催されました。秋の中央委員会総会を経ずに春の全人代が開催されるというのは非常に珍しい事態で、どんな全人代になるのかと注目していたのですが、意外にあっさり閉幕してしまいました。「静かな全人代」と言う人もいました。

中国の政治のシステムを簡単に説明しますと、中国共産党一党独裁体制ですから、国の運営方針や政策はすべて党の中央委員会で決定されます。

中央委員は207人いるのですが、そのうちのトップの25人で中央委員会政治局が構成されています。その25人のうちのトップ7人が政治局常務委員で最高指導部と呼ばれます。その序列の一番が習近平で総書記兼国家主席、二番が首相の李克強という具合です。

重要な党内の政治や方針は政治局で決められることが多く、政治局で決定しきれないことは政治局常務委員の7人が最終的に決めます。

中国共産党は上部組織に下部組織が従うトップダウンのヒエラルキー構造ですから、この政治局で決定されたことが中央委員総会で可決され、党の方針、政策として決定されます。

なので実際のところ政治局会議さえ開かれればたいていのことは決定するのですが、中央委員会総会を経た決定であるということは中国共産党の政治システムにおいて重要なのです。

本来、秋に開かれる中央委員会総会で決定した政策や方針が翌年春の全人代と全国政治協商会議（全国政協、日本の参議院に相当）で政府の政策、方針として決定されます。

党の政策、方針と政府の政策、方針は完全に一致していますから、全人代の場というのは、党中央での決定事項のお披露目の場、国内外への公表の場以上の意味は実はありません。

外国メディアが直接取材できるのは全人代、全国政協だけですから、日本メディアなどには全人代の記事が大きく出るわけです。今回の全人代は、その前の秋の中央委員会総会(四中全会)をスキップして行われた異様な全人代だったのです。

ですがその異様さにもかかわらず、普通にさっと終わってしまいました。もちろん、外商投資法の成立などニュースバリューはそれなりにありましたが、2018年の全人代ほどには記事にならなかったでしょう。

全人代 (全国人民代表大会)

逆にいえば2018年の全人代は、習近平がいきなり憲法改正を行い、個人長期独裁の野望を打ち出した劇的なものだったということです。

習近平の個人独裁の野望はそれから一年、主に米国の圧力と国際社会からの反感と党内の批判によって抑え込まれ、2019年の「静かな全人代」つまり、習近平がほとんど存在感を発揮しなかった全人代となったのです。これはこの一年間で習近平のやろうとしたこと、政策も含めてすべて〝敗北〟したと結果といえるかもしれません。この敗北の結果が今後どういう形でリスク、〝乱〟として現れるか、その可能性については、これまでに述べた通りです。

私は習近平が素直に〝敗北〟を認めて、改心して経済・政治とも米国や国際社会の望むような改革開放路線、真の構造改革方向に舵取りし、傷みをこらえながらこの〝乱〟を乗り越え、あるいは回避していく努力をすると願いたいのですが、習近平の性格や中国共産党体制の構造などを考えると、そうならない確率も非常に高いので、日本としてはいろいろ心構えというか準備や対策、そして立ち位置の確認が必要ではないかと思います。

中国がどういう方針や政策を取るにしろ、当面、米中の新冷戦構造継続というのはおそらく変わりありませんから、日本は地政学的にも中国と米国の狭間にあるということをもう少し意識した方がいいかもしれません。

日本は中華秩序に染まらない

そこで考えなければいけないのは、日本の価値観の問題です。日本人にとって中国的価値観と米国的価値観のどちらがなじみやすいか、ということを冷静に考えたとき、やはり西側の価値観の方がなじみやすいとは思いませんか。

社会科学院のリポートなどを参考にすれば西側の普遍的価値観とは一般には、自由、民主、人権の3つが挙げられています。もう少し具体的にいえば民主主義の政治システム、すなわち法治や三権分立、基本的人権、思想や言論、信仰の自由、私有財産やプライバシーなど様々な私的権利の保護などでしょうか。

一方で中国が特色ある社会主義国として守らねばならない社会主義の核心的価値は富強、民主、文明、和諧、自由、平等、公正、法治、愛国、敬業、誠信、友善の24文字で表現されています。

このなかにある民主、自由、平等、法治などは西側の普遍的価値観とまったく違うことは、中国共産党も言明しています。

国家が目指す富強・民主・文明・和諧は、中国共産党主導の富国強兵を実現した民主集中制（独裁）政治で、中華秩序的枠組みによるヒエラルキーで安定・調和し繁栄した社会のことです。

社会で大事にすべき価値観の自由、平等、公正、法治は党の指導の下の自由、平等、公正、法治であり、党を批判する自由や中国共産党的ヒエラルキーを超える平等は存在しません。

党の指導の下の公正、法治があるだけです。個人に対しては、愛国、敬業、誠信、友善を求められますが、個人の権利や自由を認める価値観はありません。

こういう中国の社会主義的核心価値に加えて、中国には人は生まれながらに平等ではないという神話の時代から受け継がれている中華的価値観が根っこにあります。また中国人（漢民族）には繰り返し異民族に攻め込まれ支配された歴史の記憶からくる強いコンプレックスと、それを裏返しにした「中華こそ文明の華、世界の中心」というプライド、儒教的価値観を柱にした「華夷思想」があります。

その世界の中心、文明の華の中国が、野蛮な異民族の周辺国、夷狄をその徳でもって導くことが世界の安定と平和と発展につながるという考え方なのです。こういう中華独特の国家間秩序を「冊封体制」ともいいます。

近代に入り、優れた中国人のなかで選び抜かれた人間が中国共産党に集まり、そのトップを形成する習近平を核心とした党中央が、無知蒙昧な人民を指導し管理し、野蛮で暴力的な、礼を知らない異民族の外国に徳と文明を分け与えてくれるわけです。習近平の掲げるスローガンという人類運命共同体は、そういう華夷思想の船に各国が乗ることで、船長は中国共産党と習近平自身。つまり「中国共産党版冊封体制」を習近平は思い描きながら、一帯一路戦略や太平洋二分割統治論などをぶち上げているのだと思います。

はっきりいって、日本人としてはその船に乗りたくはありません。アジアやアフリカのなかには、こうした中国に依存していく外交が楽だと思う国も結構ありますし、過去に朝貢国として中華秩序を構成する一員であった国からすれば、けっこう慣れ親しんだ考え方かもしれません。小国にすれば、中国から得るものは大きいのです。韓国や北朝鮮などは「小中華意識」といって、大中華の中国が異民族に支配されたり、没落したりしたときは「我こそが中華文明を引きつぎ世界の中心となるのだ」というあまり根拠のないプライドを持っています。

地理的に距離が離れたキリスト教圏や米国は別として、中国のすぐ隣にある日本が中華的思想に染まらなかったのは奇跡だったのかもしれません。儒教思想にはそれなりに影響を受けている日本が、中華秩序の一員とならなかったのは、日本には日本独自の思想があって、儒教まるごとに染まらなかったからだといわれています。私は思想史の専門ではないので、それについてうまく説明できないのですが、人によってはそれは「皇国思想」があったからだと言う人もいます。つまり天皇を中心とした独自の秩序や神道に根付く独自の価値観を持っていたので、儒教も適度に必要な、利用できる部分だけをうまく取り入れただけで、中華に染まることもなかったということです。

皇国思想という言葉は江戸時代の終わりに出てきた言葉だと思いますが、少なくとも荒海に囲まれた豊かな国に生きてきた日本人は、異民族支配の屈辱の歴史も経験しなかったので妙なコンプレックスもなかったようです。日本人は生まれながらにして日本人であることに疑問を持つこともなく、江戸時代などは泰平の世で、他者とさほど争うことなく平和と繁栄を享受していました。中華秩序的ヒエラルキーのなかに組み込まれなければ安心を得られないわけでも、他国と自国の文明度を比較して優劣をつける必要性もなかったのだと思います。

例外はあって、当時琉球と呼ばれたころの沖縄は明や清の冊封体制に組み込まれた時期もありました。明治政府が琉球を強制併合しようとしたころは、林世功のように清に渡って救援を求める脱清人のような存在もありました。中国はこうした歴史を今ごろ利用して、沖縄独立世論を盛り上げたりして、沖縄への干渉を深め、あわよくば尖閣諸島の領有権奪取のチャンスを探っていることはいうまでもありません。

そういうわけで、中国からみると、日本はまぎれもなく東夷（東の野蛮国）であるにもかかわらず、中華秩序をありがたがらず、天皇があたかも中国の皇帝と対等であるかのような態度で、しかも豊かで平和を満喫している国でした。

被支配経験がないのでコンプレックスも危機感もあまりなく、海の向こうにさほど興味も持たなかった日本人に初めての危機感を与えたのは、中華ではなく、米国の〝黒船〟でした。以降、日本の価値観や運命に大きく影響を与えていくのは圧倒的に米国だったのです。

ですから、今の日本人が中国的価値観より米国的価値観になじみやすいのは当然といえます。地理的には中国に寄り添うようにある日本で、日本人の見目形も中国人に非常によく似ているのですが、日本人の価値観はむしろ西洋寄りであり、中華的価値観には違和感を持つのです。

日本の中国急接近

そう考えると、日本は中華秩序メンバーではなく、米国同盟の一員という立ち位置で、これからの世界を渡っていくことが外交や政策上の基本となるでしょう。ですが、2017年暮れ以降、日本の立ち位置がどうも、揺らいでいるような気がするのです。

2017年12月4日に東京で開かれた「日中CEO等サミット」の歓迎レセプションで安倍晋三首相はこのような発言をしました。

「私は太平洋からインド洋に至る地域を公正なルールに基づく自由で開かれたものとしていきたい。この広大な海を将来に亘って、すべての人に分け隔てなく平和と繁栄をもたらす国際公共財とすべきであると考えています。

我が国は、この自由で開かれたインド太平洋戦略のもと、一帯一路の構想を掲げる中国とも大いに協力できると考えています。

先日の日中首脳会談においても、今後、二国間の貿易・投資促進にとどまらず、第三国において、日中が協力してビジネスを展開していくことを私から提案し、習近平主席、李克強首相と認識を一致することができました」

日本から「開かれたインド太平洋戦略」と「一帯一路」をリンクさせて日中で協力していくことを中国サイドに提案したと語ったのです。開かれたインド太平洋戦略は本来、一帯一路戦略を封じ込めるために立案されたのではなかったのでしょうか。それをリンクさせてウィンウィンでやりましょう、という安倍首相の発言は、私にはかなり違和感がありました。

その日本の方針は2018年の5月の李克強の訪日と10月の安倍首相の訪中の際の首脳会談で確認されました。特に安倍訪中のときに交わされた様々な調印は、日本の中国急接近を印象づけました。

まず財界人約240人を引き連れて北京で開催された初の日中第三国市場協力フォーラムに参加、ここで52のプロジェクト（180億ドル相当）が調印されました。

さらに中国にとってありがたかったのは、この日本の一帯一路協力とセットで進められた日中金融協力の部分です。

①日銀と人民銀行は3兆4000億円／2000億元（3年期限）の為替スワップ協定に署名。5年ぶりの再発効で、額も10倍以上。

②日本金融庁と中国証券監督管理委員会は証券市場協力覚書に署名。日中ETFの相互上場実現に向けての研究や実務協力をすると約束。そのため日中相互で証券フォーラムなどを開催する。

③野村ホールディングズと中国投資公司及び日本大手金融機関による日中産業協力基金を創設。中国市場に進出する日本企業への投資だけでなく、第三国市場における中国企業への投資も後押しする。

④みずほグループ及び中信集団（CITIC）、中国輸出信用保険公司の三者による大型金融集団協力。みずほとCITICが共同で海外融資プロジェクトを開発し、中国輸出信用保険公司の信用を補充する。さらにこれを第三国市場（一帯一路戦略）における金融協力の象徴的案件と位置付ける。

これに5月の李克強首相訪日の際に決定された2000億元のRQFII（人民元適格海外機関投資家）枠を日本企業に付与されたこと、つまり日本企業が人民元建て債券（パンダ債）を通じて中国の資本市場に積極投資できる環境を整えたことが加わると、もう大盤振る舞いとしかいえません。

米国が貿易戦争を仕掛けられ、人民元が急落し、上海株式総合指数が2500のラインを割り、中国の社会消費の鈍化が目に見えてきた、そんなときに、こうした金融協力が一気に発表されたことの中国社会及び国際社会に与えるインパクトは相当大きかったと思います。中国にとっては日本が救世主に見えたことでしょう。

日中首脳会談のネットニュースにつけられた中国人ネットユーザーのSNSコメントを見ても、「日本は米国支配から脱却し、中国のパートナーとなることを選んだ」「日本が米国の包囲網を突破してくれる」といったコメントが並んでいました。

加えて「日中イノベーション協力対話」の創設。「知財権の協力関係を進化させる」「対話を通じて日本企業が持つ知財権を中国が適切に管理する仕組み作りを」などと言いました。これって、米国が中国の知財権窃取を追求していこうとする方向性と逆ではないでしょうか。

米中貿易戦争は、中国のハイテク産業の芽をこの際徹底的に潰してしまおうという意図があります。習近平政権が掲げる中国製造2025戦略潰しです。米国からクアルコムなどの半導体も半導体を製造する機械も中国には売られない、米国から移転した半導体技術も使わせない、としたら、それをカバーできるのは日本企業くらいですから、もし日本がこの言葉通り「日本企業が持つ知財権を中国が適切に管理する仕組み作り」をして知財権協力するとなると、中国製造2025戦略の延命ができ、中国は「助かった」ということになります。

こうした日本側の〝大盤振る舞い〟に対して、日本が〝返礼〟として受け取ったものは、北朝鮮の拉致問題への「理解と支持」という習近平のあいまいな言葉、福島原発事故以来、放射能汚染されているとみなされていた10都県の農産物・加工食品の禁輸解除要求への「積極的に検討」という返事、パンダ貸与ぐらいでしょうか。

日本の安全保障上重要視されていた尖閣諸島問題、歴史認識問題については、双方がお互いを忖度してほとんど議題に取り上げませんでした。尖閣諸島周辺で起きうる偶発的事件回避のための海空連絡メカニズムにおけるホットラインの早期設置で合意がなされ、安倍首相側から習近平に問題の改善を要請したという部分が、日本にとっては多少とも外交的に意味があったといえるかもしれませんが、その後、尖閣周辺に中国海警船が来なかったか、領海侵犯がなかったかというとそうではありませんでした。

このとき交わされた「今後5年で青少年3万人規模の相互訪問」など交流強化というのも、日本に外交的メリットがあるのか、私は疑問を持っています。欧米で中国人留学生や訪問研究者による技術持ち出し、スパイ化が警戒されている流れに逆行しているように思われます。中国を含め、日本に興味を持つ優秀な外国の若者を日本としては大いに歓迎すべきですが、それは国別の枠を設けるようなものではないと思います。大学教育の本来の目的とは合わないのではないでしょうか。少なくともこれより先に〝日本のスパイ〟と言いがかりをつけられて拘束中の身にある日本人9人の無事返還を実現すべきであったと思います。

私はこの訪中は、ほとんど外交的成果がなかったとみています。それどころか、米中関係にマイナスの影響があったのではないかと、気になります。米国が中国の台頭を押し込めようとしている一方で、日本が中国に助けの手を差し伸べているのですから。

日米の信頼は揺るがない？

米国は、たとえば華為製品の市場締め出しについては同盟国に対しても要求しています。この要求に従わない国は米国と情報共有ができない、といった圧力までかけてきています。自国のインテリジェンス能力に自信のある英国の国家サイバーセキュリティーセンターは、華為製品による情報漏洩リスクはコントロールできる、と結論づけ、2019年

3月の段階では米国のやり方に反旗を翻しています。

ドイツも5G網構築から華為を排除しない意向を同年2月時点で示していますが、米国はこれに対して強い懸念を示す、というか露骨に圧力をかけてきています。イタリアのジョゼッペ・コンテ首相がG7メンバーとして初めて中国の一帯一路に正式に参加を表明したことで、おそらくEUのなかでも米国に同調する国と、中国寄りに傾く国に分断される可能性が出てきました。

米国はイタリアに対して、「イタリアの国際イメージを大きく損なう」と恫喝に似た懸念を示しています。ギリシャやハンガリーなどはすでにチャイナマネーに籠絡されており、そこにイタリアが加わると、EU本部が懸念するように、中国によってEUの結束が分断されるという事態も起こりうるでしょう。フランスなどは華為に強い警戒感を抱いており、通信網構築などは、EUが一丸となった方針であるべきだと主張していますが、EU内で米国標準と中国標準の2つの5G網が混在することにでもなれば、情報安全保障の点でEUは大変脆くなるかもしれません。

中国に傾きかけているEU諸国に対する米国の露骨な圧力に比べると、日本が一帯一路協力を表明したり、金融協力を行うことについては、米国はあまり何も言っていません。

これはどういうことだろうと、私も各方面に聞いているのですが、どうも説得力のある情報が見つけられませんでした。米国はそれだけ日本を信頼している、ということなのか、あるいは日本のこうした中国への接近は、米国が実は望んでいることだからなのか。そもそも日本の意図もよくわかりません。

日本が2017年から急に中国に接近した理由について私が政界に詳しい記者やジャーナリストから聞いた話はいずれも〝推測〟でしかありません。

①安倍政権長期継続のためには自民党内の二階派など親中派との協力が重要で、党内政治的理由で中国接近を容認した、という見方。財界にも中国との関係改善を強く望む声があり、それを無視できなかった。

②安倍晋三自身が北朝鮮の拉致問題解決や憲法改正など政治家としての宿願を達成するためには中国の協力や支持を取り付けねばならなかった、という見方。

③一帯一路に積極的に協力をすることを通じて、中国の国際社会における主導権を奪ったり、舵取りの方向性に影響を与えたいという狙いがある。

④米中対立が突然、米中融和に転換しうる可能性や、米中対立で中国が優勢になった場合の〝保険〟のつもりで中国との関係を改善させておきたかった。

⑤米国も含めて国際社会は中国が経済クラッシュを起こすことを望んでいない。中国の一帯一路に手を差し伸べ、金融協力を進めて中国経済を支援するのは米国を含めた国際社会の真意に沿ったものである。

⑥日本が米中の間に立って対立を解消、緩和する橋渡しの役割をするつもり。

いずれにしても、そう説得力のある話ではないので、結局、日本というのはあまり何も考えておらず、悪化していたものが改善のチャンスに恵まれれば改善しておくにこしたことがないという、過去の外交通例にならいシナリオ通りに動いただけ、というぐらいではないかという気がしています。

目の前の不安定をとりあえず安定させればよい、という外交です。「外交の安倍」などという評価も出ていた安倍政権らしくはないので、ひょっとすると、私どもには想像の及ばない深謀遠慮や策略が背後で練られているのかもしれないという期待は保留しておきましょう。

EU諸国が親中に動くと、恫喝に似た圧力をかける米国ですが、日本の2017年来の中国接近に対しては、何も言わないのは、一応日本側がきちんとトランプ政権に説明し、納得させているからだと思います。トランプ政権が本音で安倍政権の今の動きをどう思っているのかは、注意して見ておく必要があるのではないでしょうか。

日本の立ち位置を考える

日本が今後、米中の両方とも仲良く親密に付き合っていくというのは難しいのではないか、と言う気がしています。もちろん、米国は日本の安全保障をにぎる一連托生（いちれんたくしょう）の同盟国で、中国はすぐ隣にある一衣帯水の国。どちらも極度に関係を悪化するわけにはいかないものです。

ですが中国共産党の存在意義や執政党としての正統性の根拠は「中国共産党が旧日本軍と戦って勝利した」（という中国共産党の主張）にありますから、中国が「反日」の看板を下ろすわけにはいかないのです。それこそ中国共産党体制が崩壊しない限り、中国は「反日」をやめることができません。ですから、日中間に真の信頼関係は築けないという前提で外交を行わなくてはならないのです。

ときどき、この前提を日本は忘れている気がします。習近平だって日本との外交は戦略的コミュニケーションと位置付けています。

どういうことかというと、一方的に援助したり配慮したりする外交などありえない。一つ譲歩するなら、必ずこちら側が譲歩した以上の外交的成果を持ち帰らねばならない。それが見込めないなら、会わない、途中で席を立つぐらいの外交ですね。相手が困っているなら、助けるのではなく、追いつめてより大きな外交的成果をあげるような交渉です。トランプというのは、そういう交渉の名手に見えます。

真似しようとしてもできるものではありませんが、〝今回の首脳会談の成果はこれである〟という明確なものがなく、手土産(てみやげ)ばかりが目立ち、成果は関係改善というのは、外交とはいえません。

関係は良かろうが悪かろうが自国のために交渉するのが外交であって、関係を良くするのが外交ではないのです。日本はそういう意味で国と国の外交というものと、政治家同士、官僚同士の人間同士の友情や信頼をごっちゃにしているところがあるのではないか、と疑ってしまいます。

日本は時に必要とされる喧嘩腰の外交、自ら関係を悪化させる外交的判断もたいそう苦手に見えます。そういう厳しい外交ができないのは、中国に対してどこか罪悪感があるのかもしれません。それが過去の戦争の歴史と絡んでいるのだとすれば、それこそ中国の思うツボなので、そこはすっぱりと歴史と政治を切り離さねば、中国とまともな外交などできないと宣言してほしいところです。

一方、米国との関係も、いわゆる対等な国と国の外交になっていません。当たり前ですが、国防という独立国家の要（かなめ）の部分を日本は米国にほとんど預けているわけですから、対等にはなりえません。ですから、外交上、米国に逆らうという選択肢はないのです。そう考えると、昨今の日中急接近も米国の許容する範囲で収まっているということでしょう。

外側から眺める限り、安倍晋三のキャラクターはトランプに気に入られているようで、日米関係は当面は安定していると思われます。ですが、対等な関係ではありませんから、真の信頼関係とはいいがたい。いわば、孤独で横暴な王様と、その王様をよく理解し誠実に付き従ってくれる頭のいい大臣、補佐官くらいの関係でしょうか。

トランプは政権内においても自分に批判的な意見をする補佐役を次々パージしてきたくらいですから、格下の外国が米国の意向に背くようなそぶりをみせたり、批判的な態度をとると、手ひどい仕返しを食らうのではないか、という懸念があります。

今の日本の立ち位置は、米国の同盟国としての忠実な立場を変えることができないと同時に、中国とは絶対に真の信頼関係は築けないというところにあります。

安倍政権の中国急接近の意図がどこにあるかわかりませんが、それは米国の対中包囲網政策に反するようなものになれば、日本は米国に裏切り者扱いされる可能性はあります。

中国は日米離反が長年の基本の外交政策ですから、もし日本がさほど深い考えなく中国のとの関係改善に動けば、それを利用して日米関係に亀裂を入れようとするでしょう。

最近、やたらと日本のプラザ合意前後からの日米貿易摩擦の問題を中国の識者が取り上げ、その知見を日本の識者に問う形式の記事や研究会が増えているのも、日中とも米国の横暴に苦しんだ経験を共有できる〝仲間〟アピールであり、それは日本人の親米意識を揺らがせる目的もあるのではないかと勘ぐるわけです。

日本の外交路線は、少なくとも当面は、日米関係の安定を最優先させる外交を心掛けるべきでしょう。もし、日本が米中の架け橋になると考えているのならば、残念ながら、今の日本にはそういう外交ができるほどの実力はないと思います。

そういう外交ができるためには、米国とも中国とも対等に渡り合える国家としての実力というものが必要なのです。

国家の実力、国力というのは軍事力、経済力ほかにソフトパワーといわれる情報発信力やインテリジェンスという情報収集及び解析力なども必要でしょう。

でも基本は軍事力です。ロシアが、経済規模は韓国以下であっても大国扱いされるのは軍事力や兵器開発力が世界上位にあるからです。

日本の自衛隊は近代少数精鋭防衛力として世界の理想形を示しているといわれていますが、憲法上の軍隊として扱われておらず、日本は交戦権が認められていないので、国防力として正式には評価されていません。

自前の兵器開発もできず、国防軍と呼ぶにはあまりにも制約が多すぎます。防衛費も先進国のレベルにはまだまだ達していません。

国際社会では所詮、米国の軍事力の傘の下で楽している国家扱いです。

架け橋役になるのであれば、米国にも物申し、中国にも意見できる立場が必要ですから、まず国防力など国家の要諦となる部分から見直していかなくてはなりません。

今、日本ができる役割は、橋渡し役ではなく、米国のお遣い役ぐらいでしょう。

お遣い役であれば、もし米中が今後、万が一でも双方が融和政策に転じたとき、日本は米中両国から軽んじられる可能性があります。米中は軍事力で1位2位、経済力で1位2位の大国です。

米中がタッグを組んだら世界に敵はいません。もし本当の意味での仲介役で米中関係が改善するとなると日本の存在に意味が出てきます。日本がいなければ米中は話もできない、というくらいならば。

ですが、お遣い役にすぎない場合は米中関係の改善は米中の意思によるものですから日本の役割は大したものではないのです。

本来、経済力で実力3位の日本の存在感は1位か2位のどちらかと組んだときに、その存在感を発揮できるのですから、橋渡し役としてはよほどうまくやらないかぎり、日本が得をすることはないと思われます。

ですが、このまま、日本がずっと米国の忠実な補佐官という立ち位置を維持していくべきかどうかというと、そこは今、考えどきではないでしょうか。

日本は100年後の世界を考えているか？

当面、日本は米国の忠実な補佐官役を全うすればよいと思っています。ですが、もっと先のことを考える必要はあると思います。

習近平は2018年秋ごろから「世界は100年なかった未曾有の大変局に直面している」というフレーズを繰り返しています。こういうあたりは、さすが中国で、長い時間のスパンで物事を考える国だと思います。

中国共産党は2021年、中国共産党建党100年、2049年を中国建国100年として到達目標を掲げています。2021年には小康社会（そこそこゆとりある社会）の全面実施、2049年は一流の軍隊を持つ現代社会主義強国の実現を目指しています。この2049年の目標こそ、中国が米国を凌駕して世界秩序を支配するという野望の実現です。

これは実現するでしょうか。米国はそれをさせないつもりでいます。とすると今後30年の間に、中国は大きく乱れる可能性があります。そういうときに、日本はどのような風波にさらされるか、日本の安全を誰が、どのように守るのか。私はそのころまでには、日本は自分の国を自分で守り切るだけの国防力を備えておくべきだと思います。

米国が同盟国として日本の後方を支援してくれるとしても、日本人が自分の力で祖国を守り通す意思というものをまず見せなければ、どこの国が多大な犠牲を払って他国を助けるか、という話です。それに米国もかつてほどは強大ではなくなってきているのではないでしょうか。トランプは日本には一方的に守られる立場から共に戦える対等のパートナーになることを望んでいるような言動をしています。

ところで日本は中国のように、今後100年先の日本をどういう国にしようという目標を持っているでしょうか?

100年先の世界はどうなっていると考えているのでしょうか?

今後100年内に世界大戦は起きるでしょうか? その戦争の形はどのようなものでしょうか?

100年内に気候変動はどのくらい起きているのでしょうか?

どこかの国が月の資源開発に成功しているでしょうか?

世界が大変局を迎えて、今の国際社会の秩序やルールががらりと変わったその先で、世界のルールメーカーで〝世界の警察〟はどこの国になっているでしょうか?

中国は中国共産党一党独裁体制のままでしょうか?

米中新冷戦構造は続いているのでしょうか?

どこかの国の一極時代か、複数の大国による多極時代か、平和の時代か、混乱の時代か?

もちろん将来のことなど誰にもわかるわけがなく、子孫に任せるしかないのですが、それでも今、一人ひとりが100年後の世界や日本の立ち位置を見据えるような目標を考えてみることは、子孫たちがさまざまな事象に直面した際の舵取りのヒントになるかもしれません。

中国の学者はわりとこういう話をすると乗ってきます。ある体制内経済学者はこんなことを言っていました。

「1930年前の世界とその後の世界はがらりと変わった。その前に生きていた人間たちが、今の世界がこうなっていることを想像できただろうか。わかっているのは、これから誰も想像しえない世界の変局が起き、新しい秩序、政治システム、パラダイムが誕生する。それを創るのは米国か？　中国であってもいいだろう。もちろん日本であってもいいよ。でも日本にその気はあるの？」

そういう彼のカバンからは『民主主義の終焉（しゅうえん）』という中国人著者の本がのぞいていました。面白そうだと思って新華書店で探したのですが見つかりませんでした。ひょっとすると党内限定出版本かもしれません。

中国体制内学者は、次のパラダイムシフトを担うのは中国だと思っていろいろと研究し、提言しているのだなあ、と思いました。

人民元を廃止してブロックチェーン通貨に切り替えることで、米ドル基軸体制を塗り替える戦略とか、宇宙時代においては海洋覇権国家の優位性が崩れるので、一帯一路戦略を通じてEU、中東アジアと中国を大陸国家同盟圏として中華秩序を組み立てれば、日米英豪の海洋国家同盟に打ち勝てるとか、そういう大風呂敷の夢のある話は聞いてみると面白い。こういうのをばかばかしいと思うのか、日本人の学者やジャーナリストはあまりしません。それくらいの発想で、日本が世界のルールメーカーになろうと思ったり、新しい秩序構築に参与する方法を考えたりする人があまりいないのは、ちょっと寂しく思えます。

日本は海に囲まれ、異民族に蹂躙(じゅうりん)された歴史もほぼなく、せいぜい先の戦争で一度だけ負けたくらいで、「国家とは何か?」と考える必要もなく、アイデンティティの揺らぎもなく、独自の信仰や価値観を大事にしながらも意外に柔軟に外界からの文化・文明・思想を受け入れて、平和と豊かさを享受してきたので、このまま、成り行き任せでも、まったりとうまくいくような気がしているのでしょう。

でも現実はミサイルや爆撃機が遠くから飛んできています。宇宙から電磁波攻撃ができる時代に海に囲まれていることは何の安全保障上の有利にもならないですし、すでに日本にはたくさんの外国人が共生し、ひとつ間違えば異なる民族同士の対立が日本国内で起きて社会分断の危機を引き起こしかねないのです。

今の日本人が享受している泰平は奇跡以外の何物でもないと思います。しかも、すぐ隣には中国という野心・野望まんまんの大国があり、日本の背後にいる米国と対峙しているのです。その国はこれまでに述べてきたように国内外にいくつもの火種、乱のもとを抱えており、それはいつ発火し、燃え広がり、爆発を起こすかもわからないのです。その国が倒れても、覇権の野望を成就しても、日本は大なり小なり悪影響を受けるのです。

ですから中国がこれからどうなるかをしっかり見てほしいのです。

今見える事実を手掛かりに、いろいろな想像力をもって今後を予想して日本の取るべき当面の方向性と、１００年先を見据えた戦略をいろんな人たちと意見交換してみてください。

そういう作業を私たち一般人から始めて、世論を形成していき、政治家たちの判断に影響を与えていくというのが民主主義の国作りではないかと僭越（せんえつ）ながら、思うのです。

福島香織（ふくしま かおり）
ジャーナリスト、中国ウォッチャー、文筆家
1967年、奈良市生まれ。大阪大学文学部卒業後、1991年、産経新聞社に入社。上海復旦大学に業務留学後、香港支局長、中国総局（北京）駐在記者、政治部記者などを経て2009年に退社。以降はフリージャーナリストとして月刊誌、週刊誌に寄稿。ラジオ、テレビでのコメンテーターも務める。主な著書に『潜入ルポ　中国の女』（文藝春秋）『中国複合汚染の正体』（扶桑社）『中国絶望工場の若者たち』（PHP研究所）『本当は日本が大好きな中国人』（朝日新書）『権力闘争がわかれば中国がわかる』（さくら舎）『孔子を捨てた国』（飛鳥新社）『赤い帝国・中国が滅びる日』（KKベストセラーズ）『「中国の悪夢」を習近平が準備する』（徳間書店）など多数。月刊誌『Hanada』WEBニュース『JBプレス』でも連載中。ウェブマガジン「福島香織の中国趣聞（チャイナゴシップス）」毎週月曜発行（https://foomii.com/00146）。Twitter: @kaori0516kaori

習近平(しゅうきんぺい)の敗北(はいぼく)
紅(あか)い帝国(ていこく)・中国(ちゅうごく)の危機(きき)

2019年 6月 25日　初版発行

装　丁　志村佳彦
編　集　川本悟史（ワニブックス）

発行者　横内正昭
編集人　岩尾雅彦
発行所　株式会社 ワニブックス
〒150-8482
東京都渋谷区恵比寿4-4-9 えびす大黒ビル
電話　03-5449-2711（代表）
03-5449-2716（編集部）
ワニブックスHP　http://www.wani.co.jp/
WANI BOOKOUT　http://www.wanibookout.com/

印刷所　株式会社 光邦
DTP　アクアスピリット
製本所　ナショナル製本

定価はカバーに表示してあります。

ISBN 978-4-8470-9815-4